어린이박물관

고려

글쓴이 오영선

서울대학교 국사학과를 졸업하고 같은 학교 대학원에서 박사 과정을 수료했습니다. 현재 국립중앙박물관에서 학예연구사로 일하고 있으며,
한국 중세사(고려) 연구에 힘쓰고 있습니다. 그동안 쓴 책으로 『한국생활사박물관 7-고려』(공저), 『한국 고대 중세 고문서 연구』(공저),
『한국 역사 속의 전쟁』(공저), 『과학문화』(공저) 들이 있습니다.

그린이 이샛별

서울산업대학교와 같은 학교 대학원에서 회화를 공부했습니다. 일러스트 작업을 하면서 틈틈이 개인 전시회를 열기도 하고 그림 강의도 하고 있습니다.
그동안 『한 치 앞을 못 본 철학자, 천 리 밖을 보다』, 『과학의 배꼽』, 『할머니의 노래』 들에 그림을 그렸습니다.

어린이박물관 고려

웅진주니어

초대의 글

어린이 여러분, 안녕하세요?

이제부터 여러분한테 1,000년 전 이 땅에 살았던 '고려시대 사람들'에 대한 이야기를 하려고 합니다. 고려시대가 조금 낯설게 느껴진다고요? 그럴지도 모르겠군요. 고구려, 백제, 신라의 삼국시대와 조선시대 역사는 많이 알려져 있지만, 고려시대 역사는 그다지 알려지지 않은 편이니까요. 그렇다고 고려시대 역사가 중요하지 않은 것은 아닙니다. 고려시대는 우리 역사에서 하나의 민족 국가를 이루는 데 필요했던 기본적인 특징들이 만들어진 시기였으니까요.

이 책은 어린이 여러분이 고려시대 역사를 더욱 쉽게 이해하고, 재미있게 볼 수 있도록 박물관에 유물을 전시해 놓은 것처럼 꾸몄어요. 그리고 전시관을 '길·청자·불교'라는 세 가지 주제로 나누었어요.

'길'에서는 이전까지 서로 잘 통하지 않았던 길이 고려시대에 어떻게 연결되었는지 살펴볼 거예요. 길이 이어지면서 사람들은 서로를 더 잘 알게 되었어요. '청자'에서는 세상 사람들이 부러워하는 비색 청자의 오묘한 색깔과 상감청자의 독창적인 기술을 살펴볼 거예요. 나전 칠기나 금속 공예 같은 고려시대의 화려한 귀족 문화유산들도 보게 될 거예요. '불교'에서는 당시 사람들이 대부분 믿었던 불교와 관련된 내용을 살펴봅니다. 사찰과 범종,

불상, 불화 같은 불교 문화재는 고려시대 사람들의 믿음과 바람을 잘 보여주어요.

고려는 우리 역사에 918년부터 1392년까지 475년 동안 있었어요. 처음에는 고구려를 계승한 나라라고 여겼지만, 나중에는 고구려·백제·신라 사람 모두를 감싸 안아 한 민족을 이룬 나라라고 생각하게 되었어요. 그리고 '고려'라는 이름이 세계에 알려지면서 우리나라는 '코리아(KOREA)'라는 이름도 갖게 되었어요.

'고구려', '고려', '코리아'라는 이름은 본디 모두 같은 뜻이었지만, 지금은 저마다 다른 뜻을 갖게 되었어요. '고구려'는 삼국 가운데 가장 강대했던 나라, '고려'는 하나의 민족을 만들었던 나라, '코리아'는 세상 사람들이 알고 있는 우리나라라는 의미가 담겨 있지요.

이 책을 통해 어린이 여러분이 고려라는 나라를 더욱 가깝게 느끼게 되기를 바랍니다. 고려시대에 이루어진 우리 민족의 특징들을 이해하게 된다면 삼국시대와 조선시대 역사도 더 잘 이해할 수 있게 될 테니까요.

자! 그럼, 즐거운 역사 체험을 시작해 볼까요?

2006년 10월
오영선

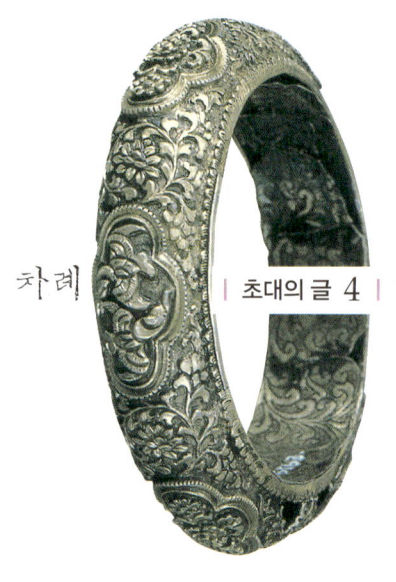

차례 | 초대의 글 4 | 한 나라를 꿈꾸며 8 | 길-세계 속의 '코리아' 18 | 청자-생활의 품격 36 |

불교-문화 국가 고려의 정신적 지주 54  고려에서 조선으로 84 | 찾아보기 92 | 참고 문헌 및 자료 제공 94 |

한 나라를 꿈꾸며

고려시대는 영토, 민족 구성, 역사의식 등 현재 우리나라의 기본적인 특징들이 만들어진 시기랍니다. 이런 특징들은 어떤 과정을 거쳐 만들어졌을까요? 그리고 우리 조상들은 어떤 생각을 갖고 우리나라를 만들어 나갔을까요? 지금부터 1,000년 전 우리 조상들의 삶 속으로 들어가 볼까요?

많은 나라가 있었어요

우리 민족이 세운 최초의 나라는 고조선이에요. 고조선의 단군 신화는 모두 들어 봤죠? 신화는 오랜 세월 동안 입에서 입으로 전해 내려오다가 나중에 글로 기록된 것이에요. 그래서 신화에는 믿기 어려운 신기한 이야기가 많이 들어 있어요. 그리스 · 로마 신화처럼 말이죠. 단군 신화에도 신기한 이야기가 많지만, 이 이야기를 통해 우리는 단군이 처음 나라를 세웠을 때의 상황을 짐작할 수 있어요. 곰과 호랑이가 등장하는 것은 당시 특정 동물을 숭배하는 신앙이 있었다는 것을 알려 줘요. 비 · 바람 · 구름을 주관하는 사람이 있었다는 것은 당시 농사가 얼마나 중요했는지를 알려 준답니다.

청동기 문화를 바탕으로 세워진 고조선은 철기 문화를 받아들이면서 더욱 강성해졌어요. 그래서 기원전 4세기경에는 만주와 한반도 북부를 잇는 넓은 지역을 통치하는 국가로 발전할 수 있었답니다.

고조선 말고도 우리 민족이 세운 나라들이 차례차례 나타났어요. 만주 지방의 부여, 한반도 북부 동해안 지방의 옥저와 동예, 한반도 남부의 마한 · 진한 · 변한이 그 나라들이에요. 이 나라들은 언어와 풍속이 서로 비슷했지만, 같은 민족이라는 생각은 갖지 않았답니다.

부여
(기원전 4세기~기원후 494년)

고조선
(기원전 2333~기원전 108년)

모양이 악기의 일종인 비파와 비슷하게 생겨서 비파형 동검이라고 불러요. 고조선이 있었던 지역에서 많이 발견되기 때문에 고조선 사람들이 사용했던 것으로 추정하고 있어요. 평안북도 의주 미송리 동굴에서 발굴된 미송리 토기는 비파형 동검과 함께 고조선 문화를 알려 주는 유물이에요.

비파형 동검(왼쪽), 미송리 토기(오른쪽)

옥저
(기원전 2세기~기원후 3세기)

동예
(기원전 2세기~기원후 3세기)

(기원전 2세기~기원후 3세기)
마한 변한 진한

부여는 만주 북부에 있었던 나라로, 나중에 고구려에 정복당했어요. 고구려·백제도 원래 부여 사람들이 세웠어요. 지금도 충청남도에는 '부여'라는 지명이 남아 있답니다. 부여 사람들은 금 장신구로 치장하는 것을 좋아했대요. *황금 허리띠 장식(왼쪽), 금귀걸이(오른쪽)*

옥저에는 여자가 열 살이 되면 결혼할 남자의 집에 가서 생활하다가 어른이 되면 결혼하는 풍습이 있었어요. 사진은 옥저의 지배층이 사용했던 도장이에요. *부조 예군의 도장*

동예는 언어와 풍속이 옥저와 비슷했고, 매년 10월에 '무천'이라는 제천 의식을 치르며 밤새 술을 마시고 춤을 추며 즐겼다고 해요. *구멍 무늬 토기*

한반도 남쪽 지역에 있었던 마한, 진한, 변한을 합쳐 삼한이라고 해요. 삼한은 작은 나라들이 모여 연맹체를 이루었어요. 후에 마한은 백제, 진한은 신라, 변한은 가야가 차지했답니다. *마한 토기(왼쪽), 변한 토기(가운데), 진한 토기(오른쪽)*

세 나라가 서로 다투었어요

고조선이 망한 이후 부여, 고구려, 백제, 신라, 가야 등 여러 나라는 주변의 나라들을 정복하며 영토를 넓혀 갔어요. 이 나라들은 자신들이 고조선을 계승했다고 생각하지 않았어요. 부여의 금와왕 신화, 고구려의 동명성왕 신화, 백제의 온조왕 설화, 신라의 박혁거세왕 신화, 가야의 수로왕 신화를 읽어 보세요. 모두 고조선의 단군 신화와는 관계없이 그 선조들이 나라를 세운 것으로 되어 있어요. 이들 나라 사람들은 자신들이 고조선과는 다른 독자적인 전통을 가지고 있다고 생각했답니다.

고구려가 부여를 차지하고, 신라가 가야를 멸망시킨 이후에는 고구려, 백제, 신라 세 나라가 서로 힘을 겨루었어요. 세 나라는 약 100년 동안 서로 맞서 싸우면서 세력을 확장하는 데 힘썼어요. 결국 신라가 당나라와 함께 백제와 고구려를 차례대로 멸망시켰어요. 하지만 당나라가 신라를 포함해 한반도 전체를 지배하려고 하자, 신라는 당나라와 전쟁을 벌였어요. 마침내 신라는 대동강 이남 땅에서 당나라 군대를 완전히 몰아냈답니다.

백제는 부여 계통의 온조왕이 세운 나라로, 4세기 무렵 근초고왕 때 전성기를 이루었어요. 높이 61.8센티미터, 무게 11.85킬로그램인 금동대향로는 예술미와 독창성이 뛰어난 향로예요. 백제금동대향로, 국보 제287호

호자는 남자 아이가 요강으로 사용했던 그릇이에요. 호자

★ 7세기경 삼국의 모습

고구려는 부여 계통의 동명성왕이 세운 나라로, 5세기 무렵 광개토 대왕·장수왕 때 전성기를 이루었어요. 고구려 사람들은 귀가 달린 토기를 많이 사용했어요. 네 귀 달린 나팔형 항아리

가운데에 왕을 상징하는 세 발 달린 까마귀(삼족오)가 있는 금동 장식이에요. 해뚫음 무늬 금동 장식

고구려
(기원전 37~기원후 668년)

신라
(기원전 57~기원후 935년)

백제
(기원전 18~기원후 660년)

신라 그릇에는 사람이나 동물 모양의 흙 인형이 장식된 그릇이 많아요. 신라 사람들은 다산과 풍요를 기원하는 뜻에서 흙 인형을 많이 장식했다고 해요. 토우 장식 항아리, 국보 제195호

신라는 삼국 중 가장 화려한 금속 문화를 꽃피운 나라예요. 신라 사람들은 사회적 신분을 과시하기 위해 찬란한 금 장신구를 즐겨 썼어요. 금령총 금관, 보물 제338호

남북으로 두 나라가 되었어요

신라가 당나라 군대를 대동강 이남에서 몰아낸 후 얼마 지나지 않아 고구려의 옛 땅에는 발해가 들어섰어요. 발해의 건국으로 우리 역사는 신라와 발해 두 나라만이 있는 남북국시대가 되었답니다.

발해는 일본에 보낸 외교 문서에 발해를 고구려로, 발해 왕을 고구려 왕으로 칭하는 등 고구려를 계승했음을 분명히 밝혔어요. '발해'란 원래 나라 이름이 아니고, 당나라와 발해 사이에 있던 바다 이름이에요. 당나라가 고구려를 계승한 발해를 미워하여 부른 이름이 지금도 나라 이름으로 쓰이고 있는 것이랍니다.

신라가 차지한 대동강 이남에는 고구려, 백제의 옛 백성들도 살고 있었어요. 신라는 전국을 똑같이 9개 지역으로 나누고 고구려·백제 사람들로 구성된 군대를 조직하는 등 이들이 신라의 백성이라는 의식을 갖게 하기 위해 각종 제도를 실시했어요. 하지만 이들 가운데는 자기들은 여전히 고구려와 백제의 백성이라고 생각하는 사람들이 많았어요. 이런 사람들이 있었기에 통일신라 말기에 고구려와 백제가 다시 세워질 수 있었어요. 우리는 그 나라들을 후고구려, 후백제라고 부른답니다.

상경궁 터 사자 상

상경궁 터 석등

구름 무늬를 매우 아름답고 유연하게 나타낸 발해 그릇이에요. *구름 모양 자배기*

발해
(698~926년)

신라에서는 정교하고 세련된 토기에 죽은 사람의 뼈를 담아 보관했어요. 뼈단지

통일신라
(668~935년)

신라는 세련된 불교 문화를 이루었어요. 다보탑, 국보 제20호(왼쪽), 석굴암 본존불, 국보 제24호(오른쪽)

처음으로 한 나라가 되었어요

후고구려, 후백제, 신라가 다투던 후삼국시대는 결국 고려의 승리로 끝났어요. 그리고 발해가 망하면서 발해 백성들이 고려로 몰려들어 왔어요. 우리 민족은 처음으로 하나의 나라를 이루게 되었어요. 발해가 망하면서 고구려의 옛 영토를 잃은 것은 아쉬운 일이었지만, 고구려·백제·신라 세 나라의 백성들이 한 나라에 살게 된 것은 다행스러운 일이었어요. 하지만 이들을 한 나라의 백성으로 만드는 것은 쉬운 일이 아니었답니다.

고려는 고구려를 계승한 나라였어요. '고구려'는 예전부터 '고려'라고도 불렸어요. '고려'라는 나라 이름 자체가 '고구려'와 같은 뜻이에요. 12세기에 고려를 방문한 송나라 사신도 고구려와 고려를 제대로 구분하지 못했어요. 고구려와 고려라는 나라 이름을 정확하게 구별해 사용한 것은 고려가 세워진 후 한참이 지난 뒤였답니다.

하지만 고려는 분명 고구려와 다른 나라예요. 고려라는 나라 안에는 고구려뿐만 아니라 신라, 백제의 백성들도 함께 살고 있었으니까요. 고려를 다스리던 사람들도 처음에는 고려가 '고구려'를 계승했다고 생각했지만, 점차 '고려'는 새로운 나라라고 생각을 하게 되었어요. 그리고 고구려, 백제, 신라의 백성들 역시 자신들이 모두 '고려'의 백성이라는 의식을 갖게 되었어요. 고려 왕조 475년을 지나는 동안 모두가 하나의 민족이라는 의식을 갖게 된 거예요.

고려청자 특유의 곡선미를 잘 보여 주는 청자예요. *청자 음각 연꽃 풀 무늬 매병. 국보 제97호*

고려를 세운 태조 왕건은 죽은 뒤에도 고려 왕실을 상징하는 신과 같은 존재로 여겨졌어요. 이 동상은 태조의 제사를 지냈던 개성 봉은사에 모셔졌던 것이에요. *왕건 동상*

18세기, 영국의 깁슨이 만든 아시아 지도예요. 우리나라의 국호가 'Corea'로, 동해가 'Sea of Corea'로 표기되어 있어요. *아시아 지도*

고려 역사를 알려 주는 역사책

1,000년 전 고려 사람들이 살았던 모습을 어떻게 알 수 있을까요? 우선 현재까지 남아 있는 옛날의 유적이나 물건을 통해 알 수 있어요. 고고학자들은 땅속에 묻혀 있던 집이나 건물 터 등을 발굴해서 옛날 사람들이 어떻게 살았는지 알아낸답니다.

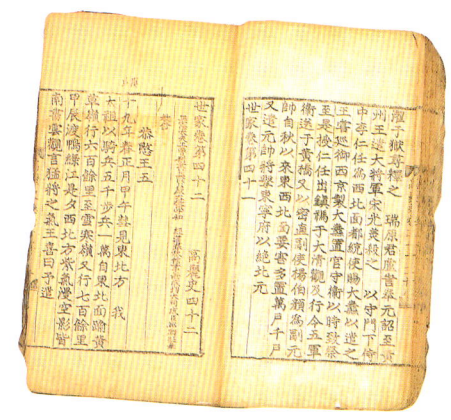

조선 초기에 쓰인 고려 역사책이에요. 고려 사회의 제도와 의식, 풍습 등을 알려 줘요. 『고려사』

또 옛날 사람들이 적어 놓은 기록으로 알 수 있어요. 고려시대에는 이미 한자가 널리 사용되고 있었고, 당시 사람들은 자신들이 어떻게 살고 있는지를 글로 적어 놓았거든요. 우리들이 신문이나 방송을 통해 세상에서 일어난 일을 아는 것처럼 말이죠. 12세기에 고려에 왔던 중국 사람이 쓴 『고려도경』이라는 책이 바로 그런 책이에요.

그리고 이러한 기록들이 오랫동안 쌓이면 역사가가 그 기록들을 다른 사람들이 알기 쉽도록 정리하는데, 이것을 역사책이라고 해요. 삼국시대 역사책으로 『삼국사기』와 『삼국유사』가 있다면, 고려시대 역사책으로는 『고려사』와 『고려사절요』가 있어요. 옛날에는 새로운 나라가 세워진 후 이전 나라의 역사책을 쓰는 것이 일반적이었어요. 『삼국사기』와 『삼국유사』는 고려시대에, 『고려사』와 『고려사절요』는 조선시대에 쓰였답니다.

고려
(918~1392년)

길 – 세계 속의 '코리아'

사람과 사람, 마을과 마을, 고을과 고을을

이어 주는 것이 바로 길이에요.

길이 뚫려 있으면 마음도 이어져요.

길을 통해 사람들은 가진 것을 서로 나누고 서로에 대해 알게 되죠.

고구려·백제·신라·발해 사람들이 한 나라의 백성이 될 수 있었던 것도

바로 사방으로 이어진 길 덕분이에요.

나라도 하나, 길도 하나 옛날 길과 지금의 길은 많이 달라요. 옛날에는 땅과 물로만 길이 통했지만, 지금은 비행기가 다니는 하늘의 길도 있어요. 하지만 서로를 이어주는 점에서 길은 옛날이나 지금이나 똑같아요. 고려시대에는 개경을 중심으로 수많은 길이 동서남북 각지로 뻗어 있었어요.

길이 하나가 되었어요

고려가 후삼국을 통일하면서 우리나라의 길은 한반도 중부에 있는 개경을 중심으로 정리되었어요. 통일신라시대에는 신라의 수도가 한반도 남쪽에 치우친 경주에 있어서 길이 고르게 발달하지 못했어요. 개경이 고려의 수도가 되면서 우리나라의 길은 고르게 발달할 수 있었답니다.

고려시대에는 나라에서 관리하는 길이 모두 22개였어요. 이 22개의 길을 '역도'라고 불러요. 22개 역도는 개경 북쪽에 8개, 개경 남쪽에 14개가 있었어요. 고려시대에 만들어진 길은 지금도 차가 다니는 도로로 쓰이는 경우가 많아요. 산이 많은 우리나라에서는 길을 낼 수 있는 곳이 뻔하거든요.

지금의 도로에는 자동차가 주로 다니지만, 당시에는 말이 주로 다녔어요. 물론 그때에는 차도와 인도가 따로 구분되지 않았고, 말과 사람이 같은 길을 다녔어요. 지금은 기차나 전철이 멈추는 곳을 '역'이라고 하지만, 당시에는 사람이나 말이 쉬었다 가는 곳을 역이라고 했어요. 역(驛)이라는 한자에 '말 마(馬)' 자가 들어 있는 이유를 이제 알겠죠? 고려에는 역이

고려시대의 역참망이에요. 고려에는 전국에 525군데의 역이 있었고, 22개의 역도가 있었어요. 개경을 중심으로 발달된 역참망은 전국을 잘 관리할 수 있는 수단이 되었어요.

● 13곳의 창고
○─○ 주요 역도

지금의 경기도 파주시 광탄면 용미리에 있는 고려시대의 숙박 시설이 있던 터예요. 개경에서 서울로 오려면 혜음령을 넘기 전에 이곳에서 쉬곤 했어요. 여행자를 위한 숙박 시설뿐만 아니라 임금이 묵었던 행궁, 여행의 안전을 비는 사찰 등도 있었어요.

파주 혜음원 터

혜음원 기와

모두 525군데나 있었어요. 나라에서는 역을 관리하는 사람들을 임명해 여행하는 사람과 말들을 보살피게 했어요. 역 외에도 인적이 드문 교통의 요지에는 사찰에서 운영하는 숙박 시설인 원을 두어 여행자들이 쉬어 갈 수 있게 했어요.

고려시대에는 배를 이용한 수상 교통도 발달했어요. 물길은 주로 세금으로 걷은 곡식을 개경으로 운반하는 데 이용했어요. 전국 각 지역에서 생산된 곡식을 13곳의 창고에 모았다가, 배를 이용해 한꺼번에 운반했어요. 주로 남해와 황해를 거쳐 개경으로 들어왔고, 내륙 지방에서는 남한강을 이용하기도 했어요.

이렇게 전국 각지를 연결한 역도와, 강과 바다를 이용한 물길은 개경을 중심으로 중앙과 지방을 묶는 역할을 했답니다.

옛날의 고속과 완행

개경에서 지방으로 문서를 전달할 때에는 역졸들이 말을 타고 역에서 역으로 이어달리기를 하듯 전달했어요. 역졸들은 방울을 3개 가지고 다녔는데, 중요하고 긴급한 일이면 방울 3개를 모두 달고, 그다음으로 중요한 일이면 2개, 보통 일이면 1개를 달았어요. 방울 3개를 달았을 때는 하루에 여섯 개, 2개를 단 것은 다섯 개, 1개를 단 것은 역 네 개를 지나야 했어요. 해가 짧은 겨울에는 역 1개씩을 줄여 주기도 했답니다. 오늘날 '빠른 등기', '보통 등기', ' 일반 우편'과 많이 비슷하죠?

육지 따라 가는 길에 거대한 불상이 보여요

고려시대에 지방에서 개경으로 길을 가다 보면, 갑자기 길목에 커다란 불상이 나타나곤 했어요. 18.1미터의 논산 관촉사 미륵보살, 17.4미터의 파주 용미리 석불 등 10미터가 넘는 커다란 불상들이 충청도와 경기도 곳곳에 만들어졌어요. 이 불상들은 다소 투박해 보이지만, 거대한 몸집에 네모 모자, 둥근 모자 등 다양한 모자를 쓰고 저마다 독특한 개성을 뽐내고 있지요.

불상을 이렇게 크게 만든 것은 그 지방의 실력자들이 이전까지 경주를 중심으로 했던 귀족 문화의 영향에서 벗어나, 자기 지방의 개성 있는 문화를 표현하고 싶어 했기 때문이랍니다.

경기도 파주시 광탄면에 있는 고려시대의 석불이에요. 높이가 17.4미터나 돼요. 천연 바위를 몸체로 삼고 그 위에 목, 머리, 갓 등을 따로 만들어 얹었어요. 왼쪽의 둥근 갓을 쓴 부처가 남자, 네모 갓을 쓴 부처가 여자라고 해요.
파주 용미리 석불, 보물 제93호

높이 10.6미터로, 손에 약합을 들고 있어요.

충주 미륵대원사 석불, 보물 제96호

높이 18.1미터로, 우리나라에서 가장 큰 불상이에요.

논산 관촉사 미륵보살, 보물 제218호

높이 10미터로, 손에 금속으로 된 연꽃 가지를 들고 있어요.

부여 대조사 미륵보살, 보물 제217호

우리나라에서 가장 큰 철불

국립중앙박물관에 있는 철조여래좌상은 경기도 하남시 하사창동의 절터에서 옮겨 온 것으로 보통 '광주 철불'이라고 불러요. 당시에는 하남시도 광주시에 속해 있었거든요. 이 불상은 경주 석굴암의 본존불을 본떠 만들었지만, 높이가 2.8미터로 석굴암의 본존불보다 훨씬 커요. 몸집이 너무 커서 보통 문으로는 옮길 수가 없어서 국립중앙박물관이 1996년과 2005년에 이사를 할 때 두 번 모두 벽을 뚫고 옮겨야 했어요. 2005년, 서울 용산으로 이사한 국립중앙박물관은 문을 충분히 크게 만들었기 때문에 앞으로는 이사를 하더라도 벽을 뚫을 필요는 없다고 해요.

광주 철조여래좌상 보물 제332호

물 따라 가는 길에 멋진 청자를 날라요

완도선에서 발견된 청자 장구예요.
길이가 51.3센티미터이고 모란꽃과 풀 무늬가
그려져 있어요. 청자 장구

1983년 12월, 전라남도 완도 앞바다에서 배 한 척이 발견되었어요. 앞과 뒷부분이 크게 부서져 완전한 형태를 파악하기는 어려웠지만, 다행히 배의 기본 구조는 남아 있었죠. 이것을 바탕으로 고려시대 때 바다를 누비고 다녔던 배를 복원할 수 있었어요. 그 배를 '완도선'이라고 불러요. 완도선은 길이 9미터, 너비 3.5미터, 깊이 1.7미터인 나무로 만든 배로, 배 밑바닥이 평평했어요. 우리나라 전통 선박들은 모두 배 밑바닥이 평평하다고 해요. 수심이 얕은 황해를 항해하려면 바닥이 평평한 것이 유리하고, 또 물이 빠져나가는 썰물 때 배가 갯벌 위에 앉기에 편리하기 때문이랍니다.

이 배 안에는 3만여 점의 청자를 비롯해 각종 유물들이 있었어요. 하지만 이 청자들은 우리가 흔히 알고 있는 아름다운 비색 청자와는 달리 갈색을 띠었고, 모래 등이 많이 섞여 표면이 거칠었어요. 청자 대접 2만 점, 청자 접시 1만 점, 청자 찻잔 1천 점 등 대부분 당시 사람들이 주로 생활에 사용했던 그릇들이었어요. 이런 청자를 배에 싣고 바다를 통해 우리나라 곳곳으로 실어 날랐던 것이죠.

가야의 배 모양 토기예요. 전통적으로 우리나라 배들은 밑바닥이
평평했다고 해요. 완도선 배도 밑바닥이 평평해요.
배 모양 토기, 보물 제555호

국립해양유물전시관에 전시되어 있는, 복원된 완도선의 모습이에요. 10톤 규모로, 돛이 하나 있는 외돛배였다고 해요. 이 완도선처럼 우리나라 바다 곳곳에서 옛날 배와 수많은 문화재가 발견되었어요.
복원된 완도선의 모습

이들 청자를 만든 곳은 전라남도 해남에 있는 도자기를 만드는 소(所)였어요. 고려시대에는 국가나 관청에서 필요한 물품을 만드는 마을을 특별히 지정해서 관리했는데, 그곳을 '소'라고 불렀어요. 금·은·동·철이 묻혀 있는 광산 지역에는 금소·은소 등이 있었고, 바닷가에는 소금을 만드는 염소 등 바다와 관계 있는 각종 소가 있었어요.

그런데 고려시대의 소 가운데 절반가량이 전라도, 충청도에 몰려 있다고 해요. 배에 물건을 싣고 바닷길을 통해 고려의 수도인 개경까지 쉽게 운반할 수 있었기 때문이랍니다.

완도선에서 발견된 청자들은 대접과 접시 등 당시 사람들이 주로 생활에 사용했던 그릇들이 많았어요. 비슷하게 생긴 그릇들을 한꺼번에 많이 만들었던 거예요. *완도선의 청자들*

세계로 향한 고려의 길 땅과 바다로 열린 고려의 길은 세계로 향했어요. 바다를 통해 송나라, 일본은 물론 동남아시아, 아라비아 사람들과도 교류했어요. 몽고 제국이 세워진 이후에는 육지를 통해 유럽에 있는 나라들도 알게 되었어요. 이를 통해 '코리아'라는 이름이 세상에 알려지게 되었어요.

바다를 통해 세계와 만났어요

고려는 일찍부터 바다를 통해 외국과 활발하게 교류했어요. 개경 서쪽의 예성강에 있는 벽란도는 자주 드나들던 송나라와 일본의 상인은 물론, 멀리 동남아시아·아라비아의 상인들도 머물던 국제 무역항이었어요. 송나라의 사신으로 고려에 왔다가 『고려도경』이라는 기행문을 남긴 서긍 역시 벽란도를 통해 개경으로 들어왔어요. 고려 정부는 벽란도에 외국의 사신이나 상인이 머물 수 있도록 건물을 짓고 이름을 '벽란정'이라고 했답니다.

고려는 주로 송나라와 무역을 했어요. 송나라 상인들은 바다를 건너 고려에 왔어요. 당시 송나라 북쪽에는 요나라, 금나라 등이 있어서 육지로 고려로 오는 길이 막혀 있었거든요. 송나라 상인들은 비단과 책, 약재 등을 가져와서 팔고, 고려의 인삼과 종이, 나전 칠기 등을 사 갔어요. 고려 북쪽에 살고 있던 여진족은 말과 화살 등을 가져와서 곡식이나 농사에 필요한 소 등을 가져갔어요. 일본의 상인들도 고려와 활발하게 무역을 했어요. 수은, 진주 등을 가져와서 책이나 인삼, 곡식, 청자 등을 가져갔어요. 멀리 아라비아 상인들도 직접 고려까지 와서 무역을 했는데, 이들은 열대 지방의 특산물인 수은, 향료 등을 가져와서 고려의 비단을 가져갔어요.

은으로 만든 병 모양의 화폐예요. 당시에 외국과 무역을 할 때 주로 사용했어요.
은병

비단을 든 아라비아 상인　소를 든 여진족 상인　청자를 든 일본 상인　인삼을 든 송나라 상인

고려에서 세계로, 세계에서 고려로

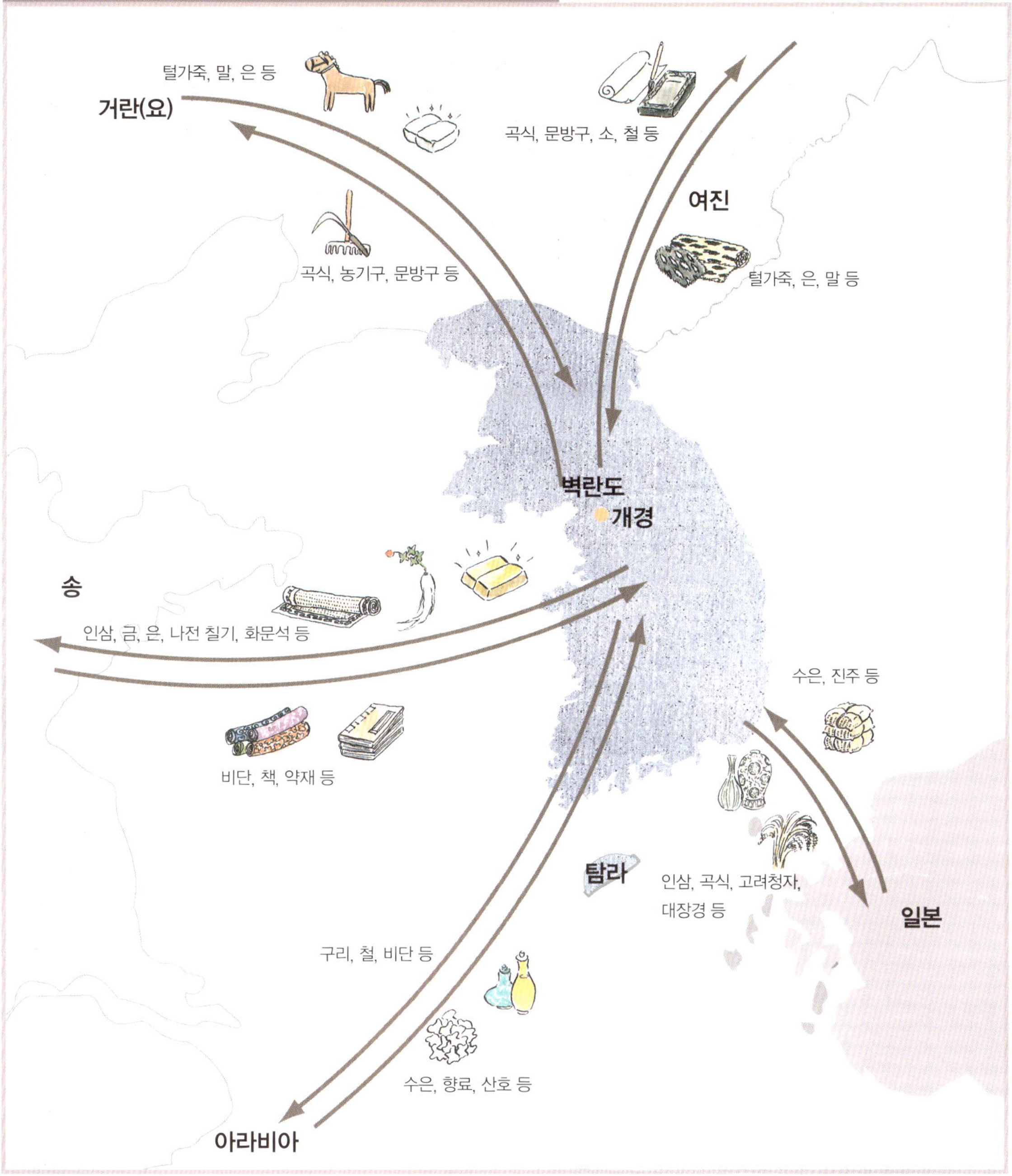

거란(요) — 털가죽, 말, 은 등
곡식, 문방구, 소, 철 등

여진 — 털가죽, 은, 말 등
곡식, 농기구, 문방구 등

벽란도 / 개경

송 — 비단, 책, 약재 등
인삼, 금, 은, 나전 칠기, 화문석 등

탐라 — 인삼, 곡식, 고려청자, 대장경 등

일본 — 수은, 진주 등
구리, 철, 비단 등

아라비아 — 수은, 향료, 산호 등

고려 최대의 축제, 팔관회

팔관회는 매년 11월 15일, 온 나라 사람들이 개경에 모여 함께 참여하는 축제였어요. 국왕과 개경에 있는 관리들은 물론 지방에서도 각 고을을 대표하는 사람들이 참석함으로써 고려 전체가 하나의 공동체임을 확인하는 자리였답니다.

그런데 팔관회에는 고려 사람뿐만 아니라, 송나라 상인과 여진족 추장 등 외국 사람들도 참가했어요. 이들 외국인들이 고려 임금에게 축하 인사와 함께 공물을 바치면, 고려 임금은 그 대가로 많은 물품을 하사했어요. 이때는 탐라(지금의 제주도)의 대표도 외국인 자격으로 팔관회에 참가했어요.

팔관회를 여는 곳은 그림과 같은 화려하고 아름다운 꽃꽂이로 장식했을 거예요. 그림은 '관경16관변상도'라는 고려 불화의 일부예요.

육지를 통해 세계와 만났어요

칭기즈 칸이 아시아에서 유럽에 걸치는 세계 제국을 건설하고, 고려는 세계 제국의 동쪽 시발점이 되었어요. 이때부터 바다보다는 육로를 통한 무역이 성행하게 되었지요.

개경에서 평양, 의주를 거쳐 중국 베이징, 중앙아시아와 서아시아를 지나면 유럽과도 통할 수 있었거든요.

이때 사람들이 이용했던 길을 '비단길'이라고 불러요. 이 길로 중국의 비단이 유럽으로 전해져서 붙인 이름이에요. 비단길은 기원전 2세기부터 이용된 오래된 길이었어요. 그런데 아시아 동쪽에서 유럽까지 먼 거리를 가야 하는 여행객들은 길이 통과하는 지역마다 나라가 달라 불편이 많았어요. 몽고 제국이 비단길이 통과하는 지역을 모두 차지하면서 그런 불편이 없어졌어요. 또 몽고 사람들은 말 타기를 좋아해서 길이 통과하는 중요한 지역마다 여행객이 쉬어 갈 수 있는 역을 만들었어요.

이렇게 아시아와 유럽이 서로 문물을 주고받자, 몽고 사람, 중국 사람, 위구르 사람 등 세계

고려시대에는 몽고의 영향을 받아 머리 모양을 변발로 했어요. 이 그림은 공민왕이 그렸을 거라고 추정하고 있어요. '천산대렵도'

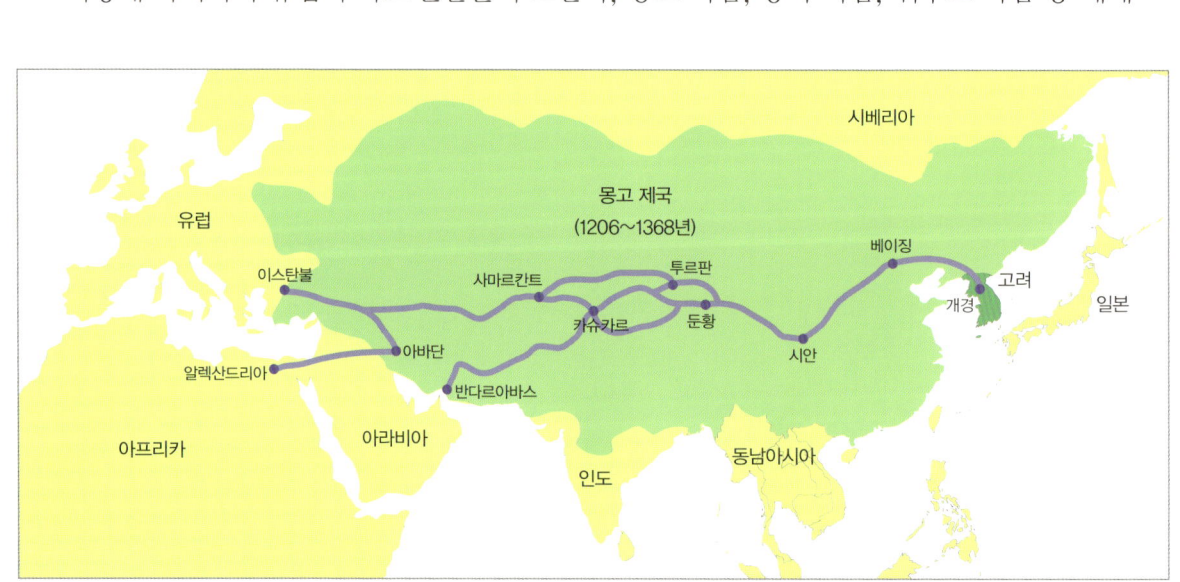

몽고 제국과 비단길

여러 나라 사람들이 개경에도 찾아왔고, 급기야 개경에서 살기도 했어요. 개경의 시장에는 몽고 사람들이 즐겨 먹는 만두를 파는 가게도 생겼어요. '쌍화점'이라고 부르는 이 만두 가게에서 고려 사람들도 만두를 사 먹었어요.

고려의 임금은 몽고 사람인 원나라 공주를 왕비로 맞아들였고, 원나라에도 자주 드나들었어요. 왕과 왕비를 따라 많은 사람이 원나라와 고려를 왕래하면서 몽고의 풍습이 고려에 전해졌어요. 왕과 왕비 등 궁중의 최고 어른에게 붙이는 '마마', 세자빈을 가리키는 '마누라', 임금의 음식인 '수라' 및 '장사치', '벼슬아치' 등 사람을 가리키는 '치'가 들어간 말들은 모두 몽고어에서 유래된 것이랍니다.

쌍화

고려의 독립국, 탐라

제주도는 원래 '탐라국'이라는 독립된 나라였어요. 삼국시대에는 백제, 남북국시대에는 신라, 고려시대에는 고려에 속해 있었어요. 하지만 그래도 탐라국이라는 나라는 없어지지 않았죠. 1105년(숙종 10)에 처음으로 제주도를 고려의 한 지방으로 삼고 지방관을 보내 다스리기 시작했어요. 하지만 그때까지 탐라를 대표했던 성주, 왕자를 없애지 않고 그대로 두었어요. 몽고의 침략 후, 몽고 제국은 고려의 독립은 인정하면서도 탐라만은 몽고 영토로 삼아 직접 다스렸어요. 그리고 그곳에서 말을 키우기 시작했어요. 원나라가 물러간 후에도 탐라의 독립적인 성격은 한동안 지속되었어요. 조선시대에 들어와서야 성주, 왕자가 공식적으로 폐지되었고, 탐라도 다른 지방과 같게 되었답니다.

대정 안성리 돌하르방

고려 앞바다의 국제 무역선

1975년 5월, 전라남도 신안군 앞바다에 침몰되어 있던 원나라 때의 무역선이 발견되었어요. 원나라를 출발하여 일본으로 항해하다가 신안 앞바다에서 난파된 것이라고 해요. 고려에도 머물렀는지는 확실하지 않지만, 당시 동아시아에서 교역이 활발히 이루어지고 있었던 것을 알 수 있어요.

그 배에 있는 물품들은 대부분 무역을 하기 위한 상품이었어요. 중국 도자기 2만여 점, 동전 약 800만 개(28톤) 등 도자기와 동전이 가장 많았는데, 도자기와 동전은 당시 일본이 중국에서 수입하던 가장 중요한 상품이었어요. 또 어떤 상자에는 후추가 가득 담겨 있었어요. 음식에 매운맛이나 향을 나게 해 주는 후추는 중국 남부 지방과 동남아시아에서 재배된 것으로, 당시 고려에서는 구하기 힘든 물건이었어요.

이 배에서는 당시 선원들이 사용하던 물건들도 많이 발견되었어요. 후추 외에 호두·밤·생강 등과 음식을 요리할 때 쓰던 맷돌도 있었어요. 글씨를 쓸 때 필요한 벼루와 먹 등 문방구도 있었어요. 주사위와 장기짝도 발견되었는데, 선원들은 오랫동안 배를 타면서 지루할 때는 주사위 놀이를 하거나 장기를 두기도 했답니다.

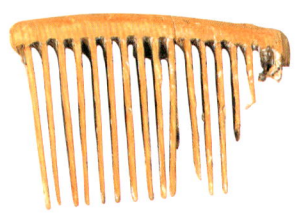

뼈로 만든 주사위

나무 빗

중국 원나라의 동전 꾸러미

후추

도자기의 선진국, 고려

신안선에서는 고려청자도 7점 발견되었어요. 이 고려청자는 먼저 중국에 수출되었다가 일본으로 다시 수출된 것이에요. 고려청자는 고급 상품으로 중국과 일본에서 무척 인기가 많았어요. 그 당시에는 고려청자를 중국의 청자보다 높게 평가하고 있었어요. 송나라의 학자 태평노인은 중국 최고의 물건들을 이야기하면서 청자만큼은 "고려의 비색이 가장 좋다."라고 했어요. 고려청자의 신비한 '푸른색(비색)'에 감탄한 거죠.

청자 사자 모양 연적   청자 구름·학 무늬 대접

청자 연꽃무늬 매병

당시 세계에서 청자를 만들 수 있는 나라는 중국과 우리나라밖에 없었어요. 그 뒤 베트남이 중국에게 청자 제작 기술을 배워 청자를 만들기 시작했어요. 일본은 임진왜란 때 우리나라에서 자기를 만드는 기술자를 데려가서야 자기 만드는 기술이 발달했어요. 유럽에서는 그보다 한참 뒤에 동양의 기술을 연구해서 자기를 만들었답니다.

청자 상감 국화 무늬 뚜껑   청자 연꽃무늬 그릇받침   청자 상감 베개   청자 상감 국화 무늬 그릇받침

고려의 중심지, 개경

개경은 처음으로 우리 민족을 하나로 통일한 고려의 수도였어요. 송악산 부근에 자리 잡고 있다 하여 송도, 송경, 송악 등으로 부르기도 했고, 제4대 임금 광종 때에는 '황제가 사는 도읍'이라고 해서 '황도'라고 부르기도 했어요.

개경은 북쪽으로 평안도 의주, 함경도 북청으로부터 남쪽으로는 전라도와 경상도 남단까지 모든 곳과 길로 연결되어 있었어요. 그뿐만 아니라 동쪽의 일본, 서쪽의 아라비아와 중국, 남쪽의 유구(지금의 오키나와), 북쪽의 여진과 거란 등 세계 여러 곳과도 육로나 해로로 연결되어 있는 도시였지요. 우리 함께 고려의 수도 개경을 답사해 볼까요?

거대한 몸집에 굳게 다문 입술과 무뚝뚝한 표정이 고려시대의 지방 문화를 잘 보여 주어요.
개성시 개풍군 신성리 석불

18세기, 조선 영조 때 만든 지도로, 고려가 망한 이후의 개경(개성) 모습을 보여 주고 있어요. 해동지도

고려 왕궁 터에서 발견된 기둥 밑 장식

고려 왕궁 터에서 발견된 기와

개경 왕궁 터에 있는 신봉문 터예요. 신봉문은 고려의 궁궐 문 가운데 가장 화려했다고 해요. 수창궁 터에 있는 돌사자 상은 고려 왕실의 위엄을 잘 보여 주어요. *신봉문 터(위), 수창궁 터 돌사자 상(아래)*

개경에서 발견된 청동 말

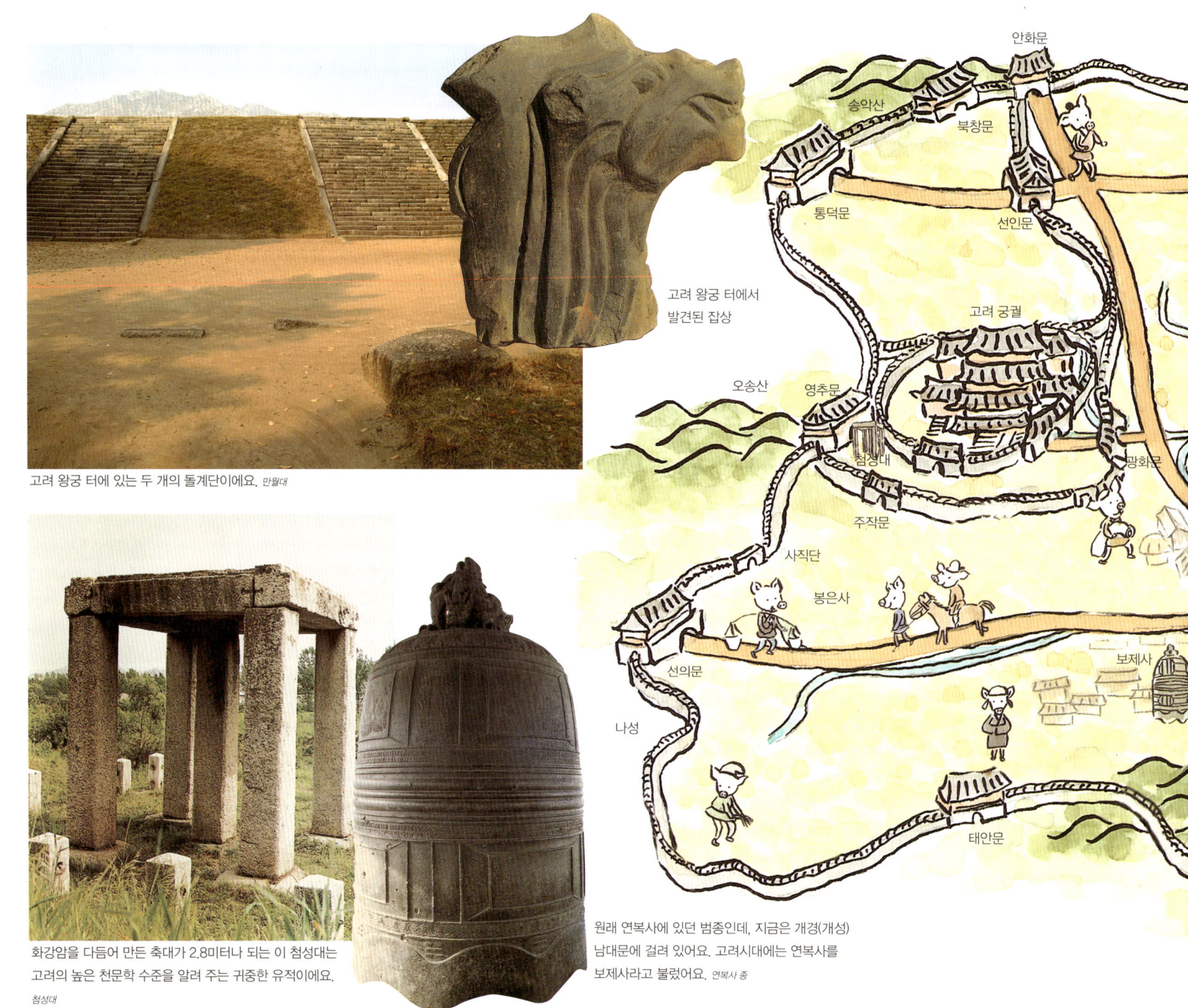

고려 왕궁 터에 있는 두 개의 돌계단이에요. 만월대

고려 왕궁 터에서 발견된 잡상

화강암을 다듬어 만든 축대가 2.8미터나 되는 이 첨성대는 고려의 높은 천문학 수준을 알려 주는 귀중한 유적이에요.
첨성대

원래 연복사에 있던 범종인데, 지금은 개경(개성) 남대문에 걸려 있어요. 고려시대에는 연복사를 보제사라고 불렀어요. 연복사 종

개경의 길과 문

나성의 북쪽 성벽과 북창문 터예요. 나성은 둘레가 약 23킬로미터나 되는 어마어마한 성이었어요. 북창문 터

고려 성균관은 1367년에 고려 최고의 교육 기관으로 세워졌어요. 현재 개성역사박물관으로 사용되고 있어요. 성균관

고려 말 정몽주가 죽임을 당했다고 전하는 돌다리예요. 원래 이름은 선지교인데, 정몽주가 죽던 날 다리 옆에 대나무가 생겨서 이름을 선죽교로 바꾸었다고 해요. 선죽교

청자 - 생활의 품격

청자에는 우리 조상의 뛰어난 예술 혼이 담겨 있어요.

순청자의 영롱한 빛깔과 상감청자의 오묘한 새김은

세상 사람들이 부러워하는 예술 세계를 보여 주어요.

하지만 청자에 담긴 것이 예술만은 아니었어요.

술과 음식을 담고, 차를 마시며, 집 안을 장식하는 등

고려 사람들의 삶이 담긴 생활 용기였어요.

고려청자의 탄생 청자를 처음 만들어 그 기술을 우리에게 가르쳐 준 나라는 중국이었어요. 하지만 고려시대 우리의 청자 기술은 이미 중국의 수준을 넘어섰어요. 지금도 신비에 싸여 있는 고려청자의 푸른빛과 독창적인 기법으로 만든 상감청자 덕분이지요.

도자기란 무엇일까?

도자기는 도기와 자기를 합쳐서 부르는 말로, 흙을 구워 만든 모든 물건을 뜻해요. 도기는 1,000도 이하의 낮은 온도에서 구운 것으로, 선사시대의 토기도 넓은 의미에서는 도기에 속한답니다.

신석기시대에 처음으로 흙을 구워 토기를 만든 뒤 그릇 만드는 기술은 계속 발전했어요. 하지만 도기는 표면이 거칠고 수분을 흡수하기 때문에, 물과 같은 액체로 된 음식을 담는 데 불편함이 많았어요. 이런 불편함을 없애 준 그릇이 바로 자기랍니다.

자기는 돌가루가 섞인 하얀 흙으로 그릇을 만들어 그릇 표면에 유약을 바른

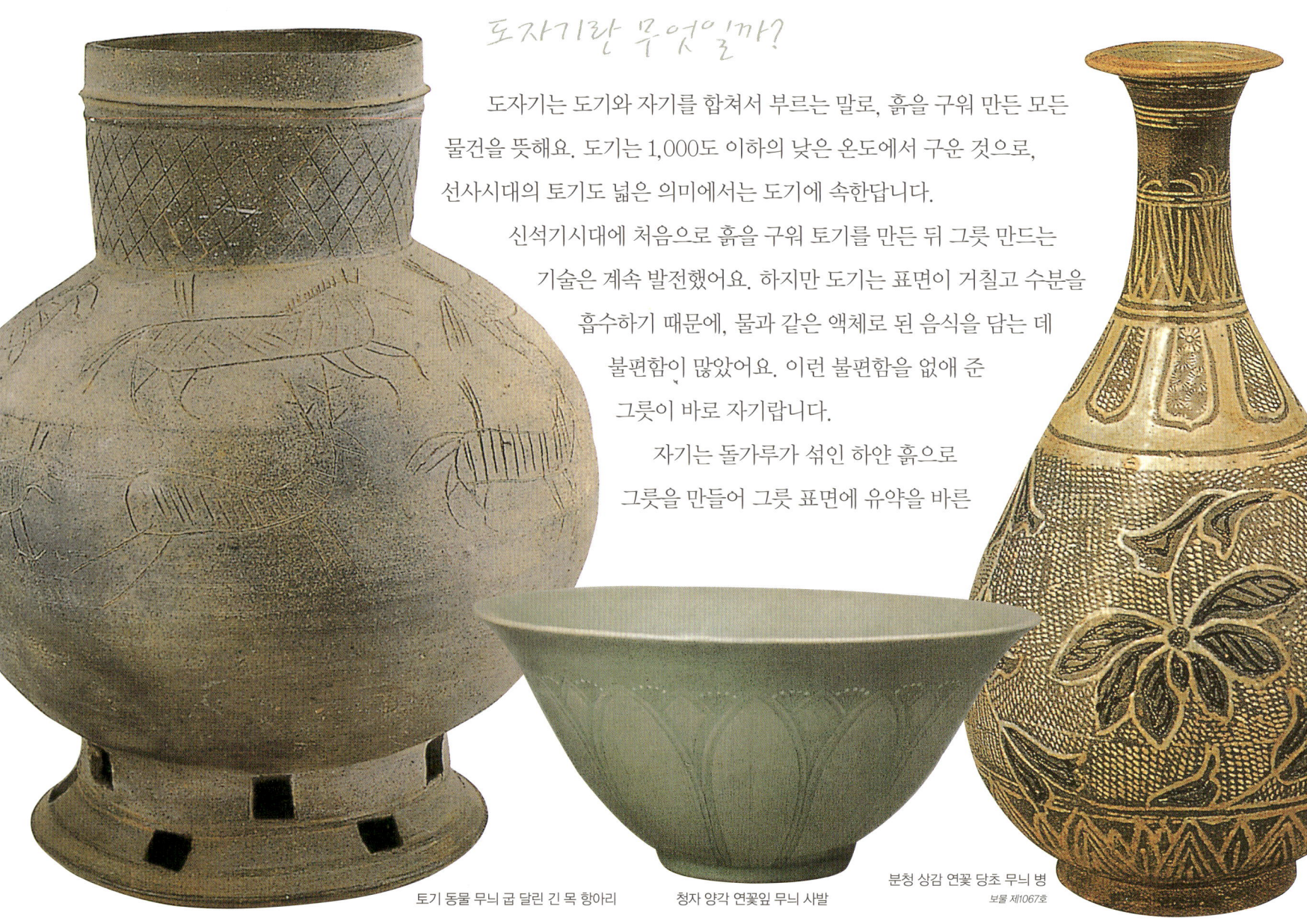

토기 동물 무늬 굽 달린 긴 목 항아리　　청자 양각 연꽃잎 무늬 사발　　분청 상감 연꽃 당초 무늬 병
보물 제1067호

뒤, 1,200도 이상의 높은 온도에서 구운 것을 말해요. 자기를 만들기 위해서는 철 성분이 적절하게 섞여 있는 좋은 흙, 높은 온도를 낼 수 있는 가마, 그릇의 표면을 매끈하고 아름답게 해 주는 유약이 필요하답니다.

백자 큰 항아리

자기 만드는 법

1. 흙을 반죽해 흙 속에 담긴 공기를 없애요. 그러면 흙이 부드러워져요.

2. 물레를 이용해 원하는 그릇 모양을 만들어요.

3. 바람이 잘 통하는 그늘에서 말려요.

4. 700~800도 정도의 불에 구워요. (초벌구이)

5. 그릇에 유약을 골고루 입혀요. 유약을 바르면 윤도 나고 더러움도 덜 타고 그릇이 더 단단해져요.

6. 1,200도 이상의 높은 온도에서 다시 구워요.(재벌구이)

청자가 만들어지기까지

자기를 처음으로 만든 나라는 중국이었어요. 중국 사람들은 '옥'을 무척 좋아해서 무덤에도 옥을 넣는 경우가 많았어요. 하지만 이렇게 옥을 좋아하다 보니, 옥이 귀해졌어요. 그래서 흙으로 옥을 만들려는 사람들이 생겨났어요. 자기를 굽는 사람들은 유약을 바른 자기를 높은 온도에서 구우면 옥과 비슷한 푸른색이 난다는 것을 알고 있었거든요. 많은 시행착오 끝에 4세기 이후에 결국 청자를 만들었어요.

청자를 만드는 기술은 곧 우리나라에도 전해졌어요. 우리나라에서 처음 청자를 생산하기 시작한 곳은 황해도 배천, 경기도 용인과 안양, 충남 보령 등 중국과 교역이 쉬운 서해안이었어요. 지금도 그곳에는 당시 그릇을 만들던 가마터가 많이 남아 있답니다.

녹청자(막청자)

서민들이 주로 사용한 청자예요. 주로 녹갈색을 띠기 때문에 '녹청자'라고 해요. 비색 청자에 비해 모래가 많이 섞여 있는 등 대충 만들었다고 해서 '막청자'라고도 해요. 귀족들이 주로 사용하는 비색 청자는 다양한 형태로 조금씩 만드는 데 비해, 녹청자는 비슷한 모양의 생활 용기를 한꺼번에 많이 만들었어요. 지금으로 치면 비색 청자는 고가품, 녹청자는 중저가품에 해당하겠죠.

청자 병

청자 병

순청자(비색 청자)

순수하게 푸른빛만을 가진 청자를 말해요. 신비롭고 아름다운 푸른색(비색)을 내서 '비색 청자'라고도 해요. 순청자는 고려 귀족들의 취향에 맞추어 개성 있는 형태로 조금씩 만들었어요. 고려의 도공들은 음각, 양각, 투각, 상형 등 무늬를 새기는 기법을 다양하게 사용하여 다채로운 청자를 만들어 냈답니다.

상감청자

청자 무늬를 새기는 기법 가운데 하나인 '상감' 기술을 이용해 만든 청자를 말해요. '상감'은 그릇 표면에 글씨나 그림을 그려 파내고, 그 자리에 하얀색과 붉은색 흙을 집어 넣어 색과 모양을 내는 기법을 말해요. 이는 나전 칠기의 나전 공예 기법을 자기에 응용한 것으로, 상감청자는 고려에서 처음 만들어 낸 것이에요. 상감청자는 우리 민족의 우수한 창조성과 예술성이 발휘된 걸작이랍니다.

상감 기법 과정

1. 그릇 표면에 만들고자 하는 무늬를 조각해요.
2. 표현할 무늬와 그 주변에 하얀 흙을 발라요.
3. 무늬가 드러나도록 칼을 이용해서 하얀 흙을 긁어 내요.
4. 검은색으로 표현할 무늬와 그 주변에 붉은색 흙을 발라요.
5. 무늬가 드러나도록 칼을 이용해서 붉은색 흙을 긁어 내요.

청자의 푸른빛

청자에 사용하는 하얀 흙(위)과 붉은 흙(아래)이에요. 좋은 흙은 단단하고 좋은 도자기를 만드는 데 아주 중요하답니다.

청자의 푸른빛은 청자를 만드는 흙 속의 철분이 불에 타면서 생기는 것이에요. 바탕흙에 철분이 1퍼센트 정도면 연두색, 3퍼센트 정도면 비색, 5퍼센트 정도면 어두운 초록색, 9퍼센트 정도면 흑갈색이 된다고 해요. 하지만 비색 청자를 얻으려면 좋은 흙뿐만 아니라, 가마의 온도와 유약의 성분을 맞추는 것도 아주 중요해요.

하지만 청자의 푸른빛을 만드는 것이 지금도 그리 쉽지는 않은가 봐요. 흙과 가마, 유약 가운데 특히 유약을 만드는 것이 어렵다고 해요. 유약은 그릇의 표면에 바르는 액체로, 광택과 색깔을 돋보이게 해요.

1982년에 고려청자의 주요 생산지였던 전라남도 강진에서는 청자 조각을 과학적으로 분석해서 만든 유약과 강진의 도공들이 쓰고 있는 유약 중 어느 것이 고려청자의 비색을 더 잘 내게 하는지 알아보는 실험을 했어요. 결과는 강진의 도공이 만든 유약의 승리였답니다. 그러나 강진의 도공도 고려청자의 비색을 완전히 재현하는 데는 실패했다고 해요. 아직도 고려청자의 비색을 만드는 방법은 수수께끼로 남아 있는 셈이에요.

강진의 가마터에서 출토된 여러 가지 색깔의 청자 조각들을 모은 것이에요. 청자의 색깔은 흙의 종류와 유약의 성분, 가마에서 불을 때는 방식에 따라 달라진답니다. 강진 출토 청자 조각

청자의 이름을 붙이는 방법

이 청자의 이름은 '청자 투각 칠보 무늬 향로'예요. 도자기의 이름은 일정한 순서에 따라 붙여요. 그럼 이 도자기의 이름은 어떻게 붙였을까요? 도자기에 이름을 붙일 때에는 먼저 청자·분청·백자 등 그릇의 종류를 구분해요. 우리나라 도자기 제조 기술은 청자, 분청사기, 백자 순으로 발전했어요.

다음에는 음각·양각·투각·상감 등 무늬를 표현하는 기법의 명칭을 붙여요. 도자기에 무늬를 표현하는 방법에는 무늬를 움푹 들어가게 새기는 음각, 도드라지게 새기는 양각, 앞면에서 뒷면까지 완전히 파는 투각, 그릇 표면에 무늬를 파고 그 속에 금·은 등 다른 재료를 넣는 상감 등 여러 기법이 있어요. 이 청자의 뚜껑에는 투각 기법이 사용되었어요.

다음에는 국화·구름·학 등 그릇에 표현된 무늬의 명칭을 붙여요. 이 그릇 뚜껑 부분에 둥그렇게 표현된 것은 일곱 가지 보물(칠보) 가운데 하나인 전보(돈)예요. 몸체에 있는 연꽃무늬나 다리에 있는 토끼 모습도 독특하지만, 이 청자에서 가장 도드라져 보이는 무늬는 칠보 무늬라고 할 수 있겠죠?

마지막으로, 병·주자·향로 등 그릇의 형태를 붙여요. 이 그릇은 향을 피우는 향로예요.

그래서 이 그릇의 이름은 '청자+투각+칠보 무늬+향로'가 되는 거예요. '청자 음각 연꽃무늬 매병'(국보 제252호)이나 '백자 상감 연꽃 당초 무늬 대접'(국보 제175호)도 이와 같은 방법으로 이름을 붙인 거예요.

향로 뚜껑

향로 몸체

향로 다리

청자 투각 칠보 무늬 향로 국보 제95호

> **청자의 이모저모** 고려청자는 단순히 감상하기 위한 예술품이 아니었어요. 술과 음식을 담거나 화초를 심는 등 생활에 두루 쓰였어요. 청자는 모양도 다양했어요. 사람·동물·식물 등 당시 사람들이 좋아했던 여러 모양이 청자에 풍부하게 표현되었어요.

청자는 쓰임새도 가지가지

고려청자는 예술적 가치뿐만 아니라, 실용성도 두루 갖추고 있었어요. 항아리, 매병, 주전자, 접시, 촛대, 베개, 기와, 향로, 연적, 벽돌 등 생활의 거의 모든 영역에서 청자는 널리 사용되었답니다. 물론 아무래도 가난한 집에서보다는 부잣집에서 청자를 많이 사용했겠죠? 우리 함께 각종 청자로 꾸며진 고려시대 부잣집을 구경해 보도록 해요.

모란꽃과 풀 무늬가 그려져 있는 화려한 기와예요. 청자 기와

몸체 가운데에 커다란 모란꽃이 새겨진 화분이에요. 모란꽃 위로 봉황 한 마리가 구름 속을 날고 있어요. 청자 상감 모란 무늬 화분

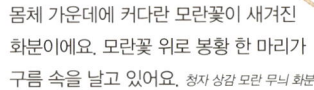

실내를 장식하기 위해 청자로 만든 타일이에요. 앞면은 모란꽃과 구름, 학 등이 아름답게 장식되어 있지만, 뒷면은 거칠고 아무 장식도 없어요. 청자 상감 모란·구름·학 무늬 도판

야외에서 연회나 모임을 가질 때 사용하던 의자예요. 이런 모양은 등나무 줄기로 엮은 것이 많은데, 고려에서는 청자로 만들었어요. 청자 투각 의자

뜰 주변에는 높은 담장이 둘러져 있어요. 담장 위는 청자로 만든 기와로 장식되어 있어요. 뜰에 놓인 탁자 위에 술자리가 마련되었고, 사람들은 청자로 만든 의자 위에 앉아 담소를 나누어요. 청자 항아리에서 술을 퍼서 청자 주전자에 담아 오네요. 청자 술잔에 술을 따르니 술에도 푸른빛이 감돌아요. 술안주로 나온 뜨거운 국물을 담은 대접은 물론, 입 안에 고인 침을 뱉는 그릇도 청자로 만들었어요. 마당 한쪽에 놓여 있는 청자 화분에는 모란꽃이 아름답게 새겨져 있네요.

받침이 딸려 있는 청자 주전자예요. 주전자 받침은 본디 뜨거운 열이 전달되기 쉬운 금속으로 만든 주전자에 주로 쓰였는데, 이것도 청자로 만들었어요.
청자 상감 풀꽃 무늬 표주박 모양 주전자와 받침

그릇 안쪽에 구름과 학 무늬가 있는 그릇이에요.
청자 상감 구름·학 무늬 대접

청자 음각 연꽃 가지 무늬 매병 국보 제254호

청자 꽃 모양 접시

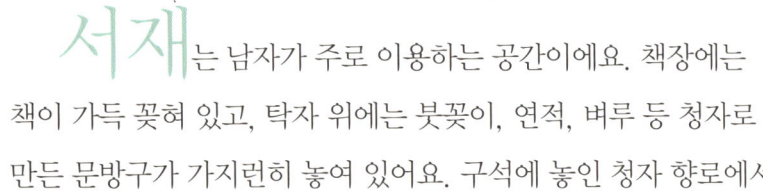

서재는 남자가 주로 이용하는 공간이에요. 책장에는 책이 가득 꽂혀 있고, 탁자 위에는 붓꽂이, 연적, 벼루 등 청자로 만든 문방구가 가지런히 놓여 있어요. 구석에 놓인 청자 향로에서 나오는 향이 실내를 차분하게 해 주네요. 손님이 오면 함께 차를 마셔야겠죠? 담소를 나누며 마시는 차 역시 청자 찻잔에 담아야 제맛이 난답니다.

청자 벼루

양쪽에 용 머리 장식을 붙인 붓꽂이예요. 몸체 윗면에 붓을 꽂을 수 있는 구멍이 세 개 있어요. 몸체 앞뒤로 연꽃잎이 투각되어 새겨져 있어요.
청자 투각 용 머리 장식 붓꽂이

청자 상감 당초 무늬 잔

청자 양각 도철 무늬 향로 보물 제1026호

침실은 비단으로 만든 커튼과 침구 등으로 아름답고 호화롭게 꾸며져 있어요. 침대에는 청자로 만든 베개가 놓여 있어요. 너무 고와 베고 눕기가 아깝네요. 그 옆에 청자 팔걸이도 있어요. 촛대와 물건을 담는 상자도 청자로 만들었어요. 청자 꽃병에 꽂힌 아름다운 꽃을 보며 편안하게 잠이 드는 상상을 해 보세요.

청자 촛대

청자 상감 투각 거북 등 무늬 상자

청자로 만든 베개예요.
바깥쪽에서 안쪽으로 부드럽게
좁아지면서 머리를 댈 수 있도록 했어요. 청자 베개

참외 모양의 몸체에 참외 꽃이 활짝 핀 모양의
주둥이를 가진 꽃병이에요. 고려 인종 임금의
왕릉에서 나왔다고 해요. 청자 참외 모양 꽃병, 국보 제94호

청자 원숭이 모양 연적
국보 제270호

청자 용 머리 거북 등
주전자 국보 제96호

청자는 모양도 가지가지

고려청자 가운데에는 동물이나 식물, 사람의 모양을 조각처럼 표현한 것이 있어요. 이것을 상형 청자라고 불러요. 도공들은 당시 사람들이 좋아하던 모양을 청자에 표현했어요. 사자와 용은 불교를 지키는 동물이라고 생각해 당시 사람들이 가장 좋아했어요. 그래서 사자와 용 모양이 나타나 있는 청자가 아주 많아요. 그 외에 원숭이, 오리, 기린 등도 당시 사람들이 좋아한 동물이에요.

식물 무늬도 연꽃, 모란꽃, 대나무, 복숭아, 석류 등 아주 다양했어요. 그중에서도 특히 불교와 관련된 연꽃, 부귀를 상징하는 모란꽃 등이 인기가 많았어요.

고려청자에는 사람의 모습도 표현되어 있어요. 불교의 스님이나 도교의 도사 등 종교적인 의미로 사람이 표현된 것도 있지만, 예쁜 여자 아이가 물병을 들고 있는 모양도 있답니다.

상상 속의 동물 기린이 뚜껑 위에 앉아 있는 모양의 향로예요. 동물원에서 보는 기린과는 다르게 생겼죠? 머리에는 뿔, 목과 앞발의 겨드랑이에는 갈기와 털을 가진 신비한 동물이에요. **청자 기린 모양 뚜껑 있는 향로, 국보 제65호**

물 위에 한가로이 떠 있는 오리 모양의 연적이에요. 오리의 입에는 등에서부터 이어지는 연꽃 줄기가 물려 있어요.
청자 오리 모양 연적, 국보 제74호

고려 사람들의 예술미, 나전 칠기와 금속 공예

고려청자 외에도 고려 사람들의 훌륭한 예술 감각은 나전 칠기와 금속 공예에도 잘 나타나요. 나전 칠기는 옻칠한 그릇이나 가구의 표면 위에 광채 나는 전복, 조개 등의 껍데기를 잘게 오려 내 국화, 버드나무 등 여러 가지 문양으로 박아 넣거나 붙인 것을 말해요. 단단한 자개를 정밀하게 일일이 오려 내고, 또 천연 옻칠을 반복해야 하는 매우 어려운 작업이죠. 고려의 나전 칠기는 매끄러우면서도 검고 붉은 칠 바탕 위에 천연 자개로 이루어진 무늬가 조화를 이루고 있어요. 전체가 정교하면서도 단순해 보이고, 색채도 영롱하고 아름다운 것이 특징이랍니다.

고려시대에는 금속 공예품도 다양하게 만들었어요. 불교가 번성했기 때문에 범종이나 스님이 불도를 닦을 때 쓰는 도구 중 하나인 금강저 등 불교 관련 금속 공예품이 많았지만, 상류층에서 주로 사용한 은으로 만든 병과 잔, 팔찌, 장도집, 침통 등 화려하고 아름다운 공예품도 많이 만들었답니다. 그리고 나전 칠기의 기법을 응용해 청동으로 만든 그릇에 은을 입히는 기법(은입사)도 발달했어요.

은으로 만든 뒤 금을 입혔어요. 금속을 두드려서 모형과 같은 모양을 만드는 것을 타출이라고 해요. 몸통 전체에 꽃무늬가 겹쳐져서 아름답게 표현되었어요. *은제 도금 타출 꽃무늬 표주박 모양 병*

보석 등 귀중품을 보관했던 둥근 모양의 용기예요. 붉은색과 하얀색의 국화꽃이 겹겹이 둥글게 그려져 있어요. 가운데 있는 글자는 불교에서 사용하는 범어예요. *나전 국화 당초 무늬 원형 합*

버드나무가 있는 연못에서 오리가 헤엄치고 기러기가 날고 있는 정경이 새겨진 정병이에요. 정병은 깨끗한 물을 담아 부처님께 바치는 물병이에요.

청동 은입사 버드나무 물짐승 무늬 정병, 국보 제92호

청자 승려 모양 연적 국보 제173호

몸체에 대나무를 길게 쪼개 놓은 모양을 가진 청자 병이에요. 입에서 긴 목을 지나 부드럽게 몸체에 이어지는 모양은 누구도 흉내 내기 어려울 것 같아요. 청자 양각 대나무 마디 무늬 병, 국보 제169호

청자 복숭아 ㅁ

청자 여자 아이 모양 연적

청자 사람 모양 주전자

몸체에 겹겹이 쌓여 있는 연꽃잎을 새겨 놓은 주전자예요. 연꽃 줄기는 주전자와 주둥이가 되었어요. 뚜껑은 연꽃잎 윗부분을 잘라 살짝 얹어 놓았어요. 청자 양각 연꽃잎 무늬 표주박 모양 주전자, 국보 제133호

죽순, 즉 대나무의 싹이 돋아나는 모양을 한 주전자예요. 죽순 모양의 몸체에 대나무 가지를 본떠 손잡이와 주둥이를 만들고, 뚜껑은 죽순의 끝을 잘라 올려놓았어요. 청자 죽순 모양 주전자

청자 상감 모란 무늬 표주박 모양 주전자 국보 제116호

석류 세 개 위에 석류 한 개를 더 포개 놓은 모양의 주전자예요. 잎과 가지의 모양이 바뀌어 손잡이와 주둥이가 되었어요. 석류는 씨가 많은 식물로 자손이 번성한다는 의미를 가지고 있어요. 청자 석류 모양 주전자

50

청자 쌍사자 모양 베개 보물 제789호

머리는 용, 몸통은 물고기의 모양을 가진 동물 모양의 주전자예요. 이런 동물을 어룡이라고 하는데, 이 주전자의 어룡은 마치 물을 박차고 날아오르려는 모양을 하고 있어요.

청자 어룡 모양 주전자, 국보 제61호

청자 음각 연꽃 무늬 매병
국보 제252호

청자와 백자

고려시대에 청자가 있었다면 조선시대에는 백자가 있었어요. 청자가 화려하면서 고급스러운 고려 귀족들의 취향을 담고 있다면, 백자는 담백하면서도 우아한 조선 선비들의 정서를 느끼게 해 줘요. 도자기 발달 과정에서 보면, 청자보다 더 발달한 것이 백자지요. 백자는 그릇을 빚는 흙이 더 곱고, 가마의 온도도 더 높고, 유약도 더 발달해야 만들 수 있어요. 백자의 단순하면서도 맑고 깨끗한 느낌은 고도의 기술력이 있어야 표현할 수 있지요. 백자는 단지 좋은 기술 때문에 탄생한 것은 아니에요. 흔히 우리 민족을 '백의민족'이라고 하는데 우리 민족이 흰옷을 즐겨 입게 된 것은 고려 말기에 목화가 들어온 이후예요. 검소한 생활을 가르치는 성리학도 비슷한 시기에 들어왔지요. 흰옷, 검소한 생활, 백자, 이 세 가지는 담백하고 우아한 아름다움을 찾는 조선 사람들의 생각을 알게 해 준답니다.

백자 병 보물 제1054호

은제 도금 타출 화조 무늬 팔찌

청동 쌍룡 무늬 거울

청동 거울에 담긴 멋과 아름다움

고려시대에는 청동으로 만든 거울이 널리 사용되었어요. 둥근 모양이 가장 많았지만, 네모난 모양, 꽃 모양 등 모양이 다양했어요. 무늬도 집, 배, 용, 물고기, 봉황 등 가지각색이었어요. 이런 무늬가 있는 곳은 실은 거울의 뒷면이에요. 무늬 반대쪽에 얼굴을 들여다볼 수 있는 거울이 있어요. 청동을 반들반들하게 잘 닦아 놓으면 유리 거울처럼 얼굴이 선명하게 비친답니다.

나전 경전 상자

당시 여자들이 화장품을 담는 데 사용했을 것으로 생각되는 용기예요. 나전 국화 넝쿨 무늬 합

청동 양각 용·나무·집 무늬 거울   청동 고려 국조 거울   청동 쌍봉황 무늬 거울

불교 – 문화 국가 고려의 정신적 지주

불교는 석가모니 부처의 가르침을 믿는 종교예요.
고려시대에는 국왕이나 귀족, 평민 등 대부분의 사람이 불교를 믿었어요.
그래서 곳곳에 절을 짓고 많은 불상과 탑을 만들었어요.

불교 그림과 경전도 많이 만들었지요.
청자가 물질적으로 고려 사람들의 삶을 대표한다면,
불교는 정신적으로 고려 사람들의 삶을 대표해요.

사찰 - 고려의 영혼이 머무는 곳

우리나라에 불교가 들어온 것은 1,500년이 훨씬 넘었어요. 삼국시대부터 고려시대까지 불교는 당시 사람들이 가장 많이 믿은 종교예요. 그래서 사찰을 곳곳에 많이 세웠어요. 역사가 오랜 사찰일수록 유래와 의미가 깊은 귀중한 문화재들을 많이 갖고 있어요.

건물마다 의미가 있어요

당간지주는 불화를 거는 당간을 받치기 위해 세운 기둥이에요. 사찰의 영역을 표시하는 역할도 했어요.
부석사 당간지주, 보물 제255호

사찰은 부처의 가르침을 받드는 곳이에요. 사찰에는 불상이 모셔진 법당을 비롯해 많은 건물이 있어요. 그리고 건물들마다 의미를 지니고 있어요. 또 역사가 오래될수록 그 건물들이 갖는 의미는 더욱 깊어지죠.

경상북도 영주에 있는 부석사는 신라시대에 세워졌어요. 고려와 조선시대를 거치면서 우리나라 전통 건축의 멋을 잘 간직하고 있는 오래된 사찰이 되었지요. 부석사에는 고려시대 건물인 무량수전과 조사당을 비롯해 많은 건물이 있어요.

부석사 어귀에는 통일신라시대에 세워진 당간지주가 있어요. 당간지주는 불화를 거는 당간을 지탱하기 위해 당간의 좌우에 세우는 기둥이에요. 당간은 주로 철 같은 금속으로 만들었기 때문에 지금까지 남아 있는 경우가 드물지만, 돌로 만든 당간지주는 지금도 곳곳에 많이 남아 있어요.

천왕문은 사천왕이 지키고 있는 사찰 문이에요. 악한 기운을 막아 주는 역할을 해요. *부석사 천왕문*

당간지주를 지나고 사천왕이 지키는 천왕문을 지나야 부석사에 들어갈 수 있어요. 사찰의 문에 들어선다는 것은 세상의 찌든 때와 더러움을 씻고, 부처님의 세계로 들어간다는 의미가

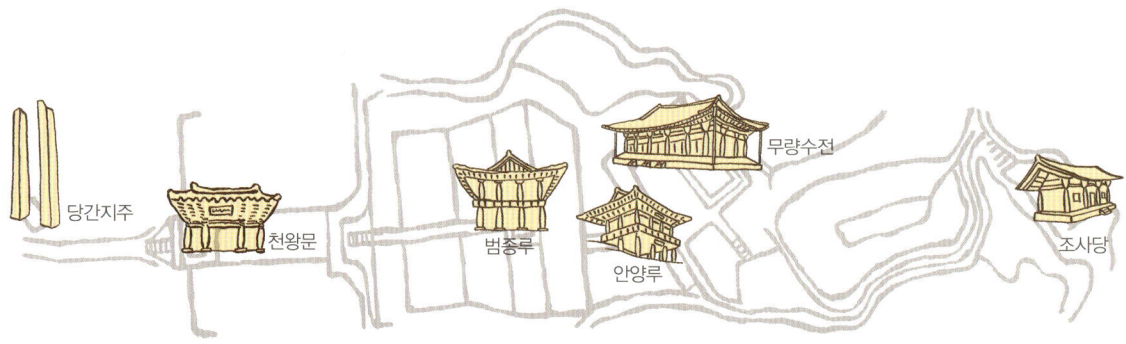

부석사 배치도

부처를 모신 곳을 금당이라고 하는데, 어떤 부처를 모시느냐에 따라 금당의 이름이 달라져요. 아미타 부처를 모시면 무량수전, 석가모니 부처를 모시면 대웅전, 비로자나 부처를 모시면 대적광전이라고 불러요. 부석사 무량수전, 국보 제18호

본디 부석사의 범종이 있던 건물이에요. 지금은 범종 대신 큰 북 등 다른 악기가 있지만, 이름은 그대로 '범종루'예요. 부석사 범종루

무량수전 앞에 있는 2층 누각이에요. 이 건물을 지나야 부처의 세계에 들어간다고 해요. 부석사 안양루

있어요. 지금은 없어진 회전문 터를 지나면 원래 범종이 있었던 범종루를 볼 수 있어요. 지금은 범종이 없고 대신 큰 북과 목어(나무로 만든 물고기)가 있어요. 범종, 북, 목어는 모두 부처의 가르침을 소리로 전하는 것들이에요. 범종루를 지난 뒤 해탈문에 해당하는 안양루를 지나야 비로소 부처를 모시고 있는 법당에 이르게 돼요.

법당은 불상이나 보살상이 있는 건물이에요. 절에는 불상과 보살상이 있는 건물이 여럿인 경우가 많아요. 하지만 그중에서도 절에서 가장 중요한 법당은 따로 있어요. 부석사에서는 아미타 부처를 모시는 무량수전이 가장 중요한 법당이에요. 무량수전 뒤쪽에는 부석사를 창건한 의상 대사를 모시는 조사당이 있어요.

부석사를 처음 세운 통일신라시대의 의상 대사를 모신 건물이에요. 의상 대사는 당나라에 유학을 갔다 온 후 우리나라에 화엄종을 널리 퍼트렸어요. 부석사 조사당, 국보 제19호

지붕에 개성이 묻어 있어요

부석사 조사당과 무량수전의 지붕 모양을 주의 깊게 살펴보세요. 지붕 모양이 서로 다르죠? 조사당은 맞배지붕, 무량수전은 팔작지붕이에요.

맞배지붕은 용마루와 내림마루만 있는 가장 간단한 지붕 양식이에요. 건물의 앞뒤에서만 지붕면이 보이고, 옆에서는 지붕의 테두리만 보여요. 마치 책을 거꾸로 엎어 놓은 모양처럼 생겼어요. 맞배지붕은 간소한 외관이 어울리는 종묘나 사찰의 부속 건물 등에 주로 사용되었어요. 조선시대에는 행랑채나 서민 주택에 주로 사용되었답니다.

팔작지붕은 용마루와 내림마루 외에 추녀마루가 좌우로 펼쳐진 지붕 양식이에요. 앞뒤에서 보면 마치 '여덟 팔(八)' 자와 같이 생겼어요. 맞배지붕에 비해 목재가 더 많이 들어가 훨씬 화려하고 위엄 있게 보여요.

맞배지붕과 팔작지붕의 건물들이에요. 부석사 조사당, 국보 제19호(왼쪽), 부석사 무량수전, 국보 제18호(오른쪽)

조선시대에 세워진 숭례문은 우진각지붕을 가진 대표적인 건물이에요.
숭례문, 국보 제1호

해인사 장경판전도 우진각지붕을 가진 건물이에요.
해인사 장경판전, 국보 제52호

팔작지붕은 위엄이 있고 화려한 것이 어울리는 궁전의 성문이나 사찰의 법당에 주로 사용되었어요.

우리나라 전통 건축의 지붕 모양에는 맞배지붕과 팔작지붕 외에도 우진각지붕이 있어요. 우진각지붕은 지붕 네 모서리의 추녀마루가 처마 끝에서부터 경사지게 오르면서 용마루에서 합쳐지는 모양이에요. 앞뒤에서는 지붕이 사다리꼴 모양으로 보이고, 옆에서는 삼각형 모양으로 보여요. 우진각지붕은 조선시대 성문이나 정자 등에 주로 사용되었어요.

다양한 지붕

맞배지붕 / 팔작지붕 / 우진각지붕

팔각지붕

지금 우리나라에는 전망이 좋은 곳에 팔각정을 세운 곳이 많아요. 팔각정은 '팔각지붕을 가진 정자'라는 뜻이에요. 옛날 사람들은 '하늘은 둥글고 땅은 네모지다.'라고 생각했어요. 그래서 하늘에 제사를 지내는 원구단과 같이 하늘이나 신과 관련된 건물은 둥글게 짓고, 사람들이 사는 건물은 네모지게 지었답니다. 그럼 팔각지붕에는 어떤 의미가 있을까요? 팔각지붕에는 하늘과 땅을 잇는다는 의미가 있어요. 사각에서 모서리를 깎으면 팔각이 되니까요. 팔각의 모서리를 또 깎으면 16각이 되고, 점점 원에 가까워져요.

서울 남산공원에 있는 팔각정

기둥마다 멋과 독특함이 담겨 있어요

이제 지붕 밑의 기둥을 한번 살펴볼까요? 우리나라 전통 건물의 기둥 모양에는 민흘림, 원통형, 배흘림이 있어요.

민흘림기둥은 기둥머리의 폭이 기둥뿌리의 폭보다 작은 기둥이에요. 안정감도 있지만 모양이 위아래가 달라 시각적인 효과가 크기 때문에 사용해요. 쌍계사 대웅전이나 화엄사 각황전에서 찾아볼 수 있어요. 원통형 기둥은 기둥머리, 기둥몸, 기둥뿌리 크기가 모두 같은 기둥이에요. 배흘림기둥은 기둥뿌리에서부터 3분의 1 지점에서 폭이 가장 넓고 위아래로 갈수록 폭이 좁아지는 기둥이에요. 배흘림기둥은 고구려 고분 벽화에서도 찾아볼 수 있을 정도로 오래전부터 우리나라 건축물에 꾸준히 사용되어 왔어요.

부석사 무량수전의 기둥을 자세히 살펴보세요. 기둥뿌리에서부터 3분의 1 지점에서 폭이 가장 넓은 배흘림기둥이에요. 기둥머리에서부터 기둥뿌리까지 폭이 고른 원통형 기둥을 세우면 우리 눈이 착시현상을 일으켜 기둥 허리 부분이 상대적으로 가늘어 보여요. 그래서 기둥 가운데 부분을 튀어나오게 하면 기둥이 안정되어 보인답니다.

배흘림기둥(위)과 민흘림기둥(아래)이에요.
모양의 차이를 한눈에 알 수 있겠죠?
부석사 무량수전 배흘림기둥(위), 쌍계사 대웅전 민흘림기둥(아래)

주심포 양식과 다포 양식

기둥과 처마를 잇는 방법에는 주심포 양식과 다포 양식이 있어요. 주심포 양식은 '공포'가 기둥 위에만 놓인 형태를 말해요. 공포는 처마 끝의 무게를 받치도록 기둥머리에 짜 맞추어 댄 나무쪽이에요. 다포 양식은 공포가 기둥 위뿐만 아니라, 기둥과 기둥 사이의 창방과 들보에도 설치되어 있는 것을 말해요. '포가 많다'라는 뜻에서 다포라고 불러요.

다포 양식은 궁전의 성문이나 사찰의 법당 등 위엄이 있고 화려해야 할 건물에 주로 사용했어요. 종묘나 저택, 사찰의 부속 건물 등 외관이 간소한 건물에는 주심포 양식을 사용했지요. 고려시대에는 주로 주심포 양식을, 조선시대에는 주심포와 다포 양식을 모두 이용했어요. 하지만 점차 다포 양식이 주를 이루었답니다.

부석사 무량수전의 주심포 양식이에요.

쌍계사 대웅전의 다포 양식이에요.

기둥과 기둥 사이에 포가 많은 다포 양식

기둥에만 포가 있는 주심포 양식

범종 - 고려의 영혼을 담은 소리 범종은 부처의 가르침을 소리로 세상에 전해요. 고려 사람들은 범종의 울림을 들으면서 부처의 가르침을 되새기곤 했어요. 그리고 더욱 청아하고 웅장한 범종의 소리를 만들기 위해 노력했어요.

청아하고 웅장한 소리를 담아냈어요

우리나라의 범종은 외형이 아름다울 뿐만 아니라, 소리가 웅장하여 세계에서도 으뜸으로 꼽혀요. 웅장한 소리의 비결은 먼저 항아리를 거꾸로 엎어 놓은 듯한 범종의 형태에 있어요. 여기에는 종의 밑 부분이 좁아지면서 종소리의 울림이 쉽게 빠져나가지 못하게 한 원리가 담겨 있어요. 대개 종은 종의 밑 부분이 나팔처럼 벌어져 넓어져요. 중국 범종도 그렇고요.

또 우리나라 종은 높게 걸지 않고 땅에서 낮게 띄워 걸어요. 땅을 움푹 파거나 큰 독(움통)을 묻기도 해요. 이렇게 해서 종을 치면 소리가 땅이나 움통 안에서 다시 종 속으로 반사되어 여음이 길어져요. 종의 꼭대기에는 종을 매달 수 있도록 고리 역할을 하는 용뉴가 있어요. 용뉴의

천흥사 종 국보 제280호

뒷부분에는 둥근 대롱 형태의 음통이 붙어 있어요. 음통은 대부분 속이 비어 있고 아래쪽이 종 안쪽에 관통되도록 구멍이 뚫려 있어서 음향을 조절해요. 음통은 우리나라 범종에만 있고, 중국이나 일본의 범종에는 없어요. 우리나라 범종의 종소리가 특별히 웅장한 이유를 이제 알겠지요?

천흥사 종의 용뉴

용주사 종 국보 제120호

시대에 따라 달라지는 종의 무늬

범종의 몸통에는 종 치는 자리인 당좌가 두 개 있어요. 그 사이에는 앞뒤로 여러 가지 무늬를 새겼는데, 시대에 따라 무늬가 달라졌어요. 통일신라시대의 종은 주로 하늘나라 사람들이 악기를 연주하는 모습을, 고려시대 종에는 하늘을 날고 있는 모습이나 부처, 보살이 앉아 있는 모습을, 조선시대 종에는 서 있는 보살의 모습이 많아요.

상원사 종(통일신라) 국보 제36호

용주사 종(고려) 국보 제120호

갑사 동종(조선) 보물 제478호

불상 - 부처의 모습을 담고자 불상은 부처의 모습을 돌이나 나무, 금속 등으로 조각한 것이에요. 우리나라에서는 불교가 처음 들어온 삼국시대부터 불상을 만들기 시작했어요. 불교를 나라의 종교로 삼았던 고려시대에는 불상을 아주 많이 만들었어요.

부처의 모습도 가지가지

'부처'라고 하면 보통 인도의 왕자로 태어나 불교의 가르침을 전했던 석가모니를 가리키는 경우가 많아요. 처음에는 석가모니 한 분만을 부처로 섬겼거든요. 지금도 동남아시아의 미얀마, 태국 등 불교 국가에서는 석가모니 한 분만을 믿고 있어요. 하지만 우리나라나 중국, 일본 등지에서는 아미타 부처, 비로자나 부처, 약사 부처 등 여러 부처를 믿는답니다. 이들 나라의 불교는 누구나 깨달음을 얻으면 부처가 될 수 있다고 가르치거든요.

부처들은 공통된 특징이 있어요. 정수리 위에 혹같이 튀어나온 육계, 머리털이 짧고 꼬부라져 있는 나발, 이마 한가운데 있는 백호, 목에 있는 세 줄의 삼도 등은 어느 불상에서든 흔히 볼 수 있어요.

하지만 부처에 따라 손 모양은 달라지기도 한답니다. 석가모니 부처는 항마촉지인과 설법인을, 비로자나 부처는 주로 지권인을 취하고 있어요. 아미타 부처는 아미타 부처만이 취하는 아홉 가지 수인이 있어요.

사람의 병을 고쳐 주는 약사 부처는 손에 항상 약합을 들고 있어요.

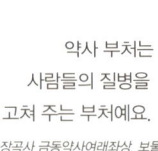

약사 부처는 사람들의 질병을 고쳐 주는 부처예요.
장곡사 금동약사여래좌상, 보물 제337호

비로자나 부처는 진리 자체를 상징하는 부처예요.
불국사 금동비로자나불좌상, 국보 제26호

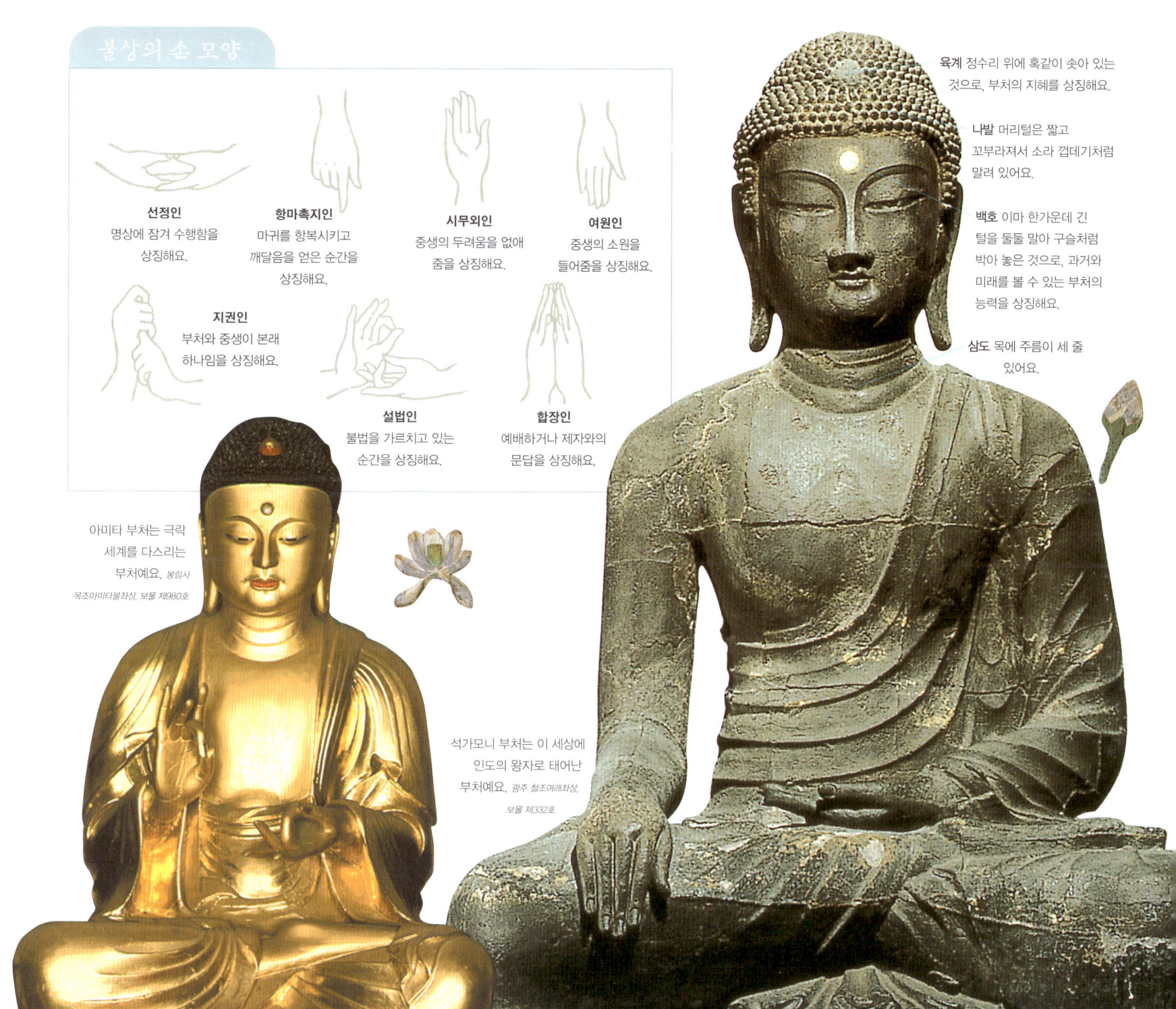

불상의 손 모양

선정인 명상에 잠겨 수행함을 상징해요.

항마촉지인 마귀를 항복시키고 깨달음을 얻은 순간을 상징해요.

시무외인 중생의 두려움을 없애 줌을 상징해요.

여원인 중생의 소원을 들어줌을 상징해요.

지권인 부처와 중생이 본래 하나임을 상징해요.

설법인 불법을 가르치고 있는 순간을 상징해요.

합장인 예배하거나 제자와의 문답을 상징해요.

육계 정수리 위에 혹같이 솟아 있는 것으로, 부처의 지혜를 상징해요.

나발 머리털은 짧고 꼬부라져서 소라 껍데기처럼 말려 있어요.

백호 이마 한가운데 긴 털을 둘둘 말아 구슬처럼 박아 놓은 것으로, 과거와 미래를 볼 수 있는 부처의 능력을 상징해요.

삼도 목에 주름이 세 줄 있어요.

아미타 부처는 극락 세계를 다스리는 부처예요. *봉림사 목조아미타불좌상, 보물 제980호*

석가모니 부처는 이 세상에 인도의 왕자로 태어난 부처예요. *광주 철조여래좌상, 보물 제332호*

보살의 모습도 가지가지

불교에서는 부처 외에도 보살을 믿어요. 보살은 부처가 되기 위해 수행하면서도 중생들을 구제하는 역할을 해요. 또 부처와 달리 머리에 화려한 관을 쓰고, 목·팔·손목·다리·귀 등에 장신구를 붙이고, 어깨에서 아래쪽으로 늘어뜨린 화려한 옷을 입고 있어요.

대세지보살은 지혜의 빛으로 사람들을 구원하는 보살이에요. 쓰고 있는 관의 정면에 정병이 있는 것이 대세지보살의 표식이에요. 금동대세지보살좌상, 보물 제1047호

지장보살은 지옥에 있는 모든 영혼이 구원받을 때까지 부처가 되지 않겠다고 맹세한 보살이에요. 선운사 금동지장보살좌상, 보물 제280호

재질에 따라 달라지는 불상 이름

불상을 만드는 재료는 아주 다양해요. 구리로 만들어 금을 입히기도 하고, 쇠로 만들기도 하고, 나무를 깎아 만들기도 하고, 돌을 쪼아 만들기도 해요. 또 바위에 조각하기도 해요. 불상을 만드는 재료에는 아무 제한이 없지만, 부처의 몸은 빛난다는 믿음 때문에 어떤 재료로 만들더라도 금을 입히는 경우가 많아요. 목불에 금칠을 하는 것도 바로 이런 이유 때문이에요. 왼쪽에서부터 목불 개운사 목조아미타불좌상(보물 제980호), 금동불 금동관음보살좌상, 철불 적조사 철조여래좌상, 석불 한송사 석조보살좌상(국보 제124호), 마애불 법주사 마애여래좌상(보물 제216호) 이에요.

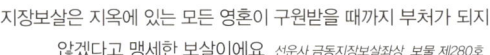

보살은 부처를 모시는 역할을 하지만, 고통을 호소하는 사람들에게 자비를 베푸는 관음보살, 지옥에서 고통 받는 영혼들을 구제하는 지장보살 등은 예배의 대상이 되기도 해요. 그 밖에 지혜를 상징하는 문수보살, 실천을 상징하는 보현보살, 지혜의 빛으로 사람들을 구제하는 세지보살, 미래에 부처로 온다는 미륵보살 등이 있어요. 오늘날에는 덕이 높은 승려나 여자 신도를 보살이라고 부르기도 해요.

관음보살은 고통을 호소하는 사람들에게 자비를 베푸는 보살이에요. 쓰고 있는 관의 정면에 부처가 있는 것이 관음보살의 표식이에요. 오른쪽 무릎을 세우고 왼손으로 바닥을 짚고 앉아 있는 모습은 조각에서 좀처럼 보기 드물어요. 금동관음보살좌상

불화 - 고려의 영혼을 담은 그림

고려 불화는 불교의 나라 고려가 만들어 낸 최고 수준의 종교 예술입니다. 청자를 만들었던 고려 사람들의 예술 감각은 고려 불화에도 유감없이 발휘되었어요. 고려 사람들은 부처님을 향한 믿음과 다음 세상에서도 현재의 행복이 지속되기를 바라는 마음을 담아 정성껏 불화를 그렸어요.

정교하고 섬세하게 그린 고려 불화

레오나르도 다빈치의 유명한 그림 '최후의 만찬'을 본 적이 있나요? 서양의 명화들이 기독교라는 종교를 바탕으로 생겨났듯이, 고려 사람들도 자신들의 신앙심을 표현하기 위해 불교 회화를 그렸어요. 그 그림들을 '불화'라고 부른답니다.

불화는 벽에 직접 그리는 벽화, 불교 경전에 그리는 경화, 벽면에 거는 탱화 등이 있어요. 고려 사람들은 그중에서도 탱화를 많이 그렸답니다. 고려 불화의 섬세함과 화려함은 말로 표현하기 어려울 정도예요. 검은색 비단이나 종이에 금이나 은을 수은에 녹여 정교하게 그림을 그렸어요.

그런데 불화에서 중간색을 사용할 때에는 물감을 직접 섞어서 쓰지 않았다고 해요. 그림의 앞면과 뒷면에 각각 다른 색을 칠해 자연스럽게 중간색이 나오게 하는 방법을 사용했답니다. 이런 방법을 '복채법'이라고 해요. 물감을 직접 섞어 만든 중간색은 탁하지만, 복채법으로 표현된 중간색은 자연스럽다고 해요. 또 물감을 뒷면에도 칠하기 때문에 앞면의 그림이 덜 훼손되는 장점도 있답니다. 그림 뒷면에 물감을 칠한다는 생각, 정말 기발하죠?

'지장보살도' 보물 제784호

옆에 있는 그림은 '지장보살도'와 '수월관음도'의 부분을 확대한 것이에요. 검은 비단에 금으로 섬세하게 표현한 고려 사람들의 놀라운 솜씨를 느낄 수 있을 거예요.

지옥의 고통을 없애 주는 지장보살이에요. 이 불화는 일본 네즈 미술관에 소장되어 있어요. '지장보살도'

고려 불화에 믿음과 바람을 담았어요

고려 사람들은 죽어서 극락에 가고, 현재의 행복이 영원히 지속되기를 바라는 마음에서 불화를 그렸어요. 그래서 극락을 다스리는 아미타 부처, 이 세상의 고통을 없애 주는 관음보살, 지옥에 빠진 중생을 구해 주는 지장보살을 가장 많이 그렸어요. 오늘날에도 불교를 믿는 사람들 가운데 '나무아미타불 관세음보살'이라는 주문을 외는 사람이 많아요. 이것은 '아미타 부처님과 관세음보살님께 의지하니, 도와주세요.'라는 뜻이에요. 그만큼 현재에도 아미타 부처와 관음보살이 인기가 있다는 뜻이지요.

고려 불화에는 현재의 풍요로운 삶이 지속되기를 바라는 고려 귀족들의 마음도 담겨 있어요. 옆의 '미륵하생경변상도'를 보세요. 이 불화는 다음 세상에 오실 미륵 부처의 모습을 그린 그림이에요. 위에는 미륵 부처를 중심으로 크기가 다른 보살과 신들이 그려져 있어요. 그런데 그림의 맨 아래를 보세요. 토지를 경작하고 곡식을 수확하며 열심히 일하는 농민들의 오른쪽에 그들을 감시하는 지주가 있어요. 이처럼 불화에는 다음 세상에서도 계급의 혜택을 누리고 싶어 하는 사람들의 마음이 그대로 표현되어 있어요.

'미륵하생경변상도'

고려 불화에 담긴 극락 세계

고려 불화에는 고려 사람들의 믿음과 희망이 담겨 있어요. 고려 사람들은 이 세상을 떠난 뒤 극락에 태어나기를 바랐어요. 그래서 극락을 다스리는 아미타 부처를 믿는 아미타 신앙이 가장 성행했지요. 이러한 신앙을 그림으로 표현한 것이 바로 '관경16관변상도'예요.

이 불화는 아미타 신앙을 설명하는 『관무량수경』이라는 경전이 쓰인 유래를 그린 것이에요. 그림은 크게 두 가지 내용으로 나누어져요. 하나는 실제 인도에서 있었던 역사적 사건을 그린 것이에요. 아자타샤트루 태자가 아버지 빔비사라 대왕의 왕위를 찬탈하고, 아버지를 감옥에 가둬 굶겨 죽였던 사건이에요. 다른 하나는 이 사건을 겪은 바이데히 왕비를 위로하기 위해 부처가 극락으로 가는 16가지 수행 방법을 가르쳐 준 것이에요.

이런 주제가 담긴 그림이 고려에서 유행한 것은 당시 고려 왕실에서도 이와 비슷한 사건이 있었기 때문이라고 해요. 고려에서도 아버지와 아들 사이인 충렬왕과 충선왕이 왕위를 둘러싸고 치열한 싸움을 벌였거든요. 하지만 그보다는 아미타 신앙이 고려시대에 널리 유행했기 때문으로 보는 것이 좋을 거예요.

아미타 부처는 극락에 가기 위해, 왕비를 위한 특별한 방법 13가지(1~13관), 평범한 사람을 위한 방법 3가지(14~16관)를 제시했어요.

명상과 염불 등 16가지 방법을 행하면 극락에 다시 태어날 수 있음을 그린 불화예요. 아버지와 아들 사이에 일어난 왕위 쟁탈전 같은 비극이 다시는 일어나지 않기를 바라는 마음도 들어 있어요. '관경16관변상도'

1관 – 해를 생각하는 방법
붉은 해 안에 금니로 그려진 2층짜리 큰 집이
있고, 그 뒤에 나무가 두 그루 솟아 있어요.

2관 – 물을 생각하는 방법
석양에 출렁이는 푸른 바다가 있고,
붉은 하늘에 구름이 있어요.

3관 – 땅을 생각하는 방법
가운데 2층 누각을 중심으로 4개의 큰 집이
있고, 오색찬란한 빛 위에 리본을 매단
악기들이 날고 있어요.

**4관 – 극락에 있는 보배로운
나무에 대해 생각하는 방법**
중앙에 칠보로 꾸며진 나무를 중심으로
오색찬란한 빛이 있어요.

9관 – 아미타 부처의 몸을 생각하는 방법
가운데에 아미타 부처가 있고,
좌우로 열 명의 부처가 있어요.

10관 – 관음보살을 생각하는 방법
가운데의 연꽃 대좌 위에 관음보살이 있고,
그 주위에 사람이 죽으면 가게 되는
6가지 길이 그려져 있어요.

11관– 대세지보살을 생각하는 방법
가운데의 연꽃 대좌 위에 대세지보살이 있고,
그 주위에 열두 명의 부처가 있어요.

**12관 – 자신이 극락에 태어남을
생각하는 방법**
왼쪽에 아미타삼존불이 있고, 오른쪽에
극락왕생한 바이데히 왕비가 있어요.

5관 - 극락에 있는 보배로운 연못을 생각하는 방법
직사각형의 인공 연못에 연꽃이 활짝 피었고, 그 위에 보배로운 구슬이 있어요. 이 구슬에서 좌우로 두 줄기 흰빛이 분수처럼 쏟아지고, 위쪽에는 봉황·공작새·백학 등이 날고 있어요.

6관 - 극락의 궁전을 생각하는 방법
온갖 보석으로 장식된 누각이 높이 솟아 있고, 뒤에 오색찬란한 빛이 있어요.

7관 - 극락에 있는 대좌를 생각하는 방법
활짝 핀 연꽃 위에 불상을 올려놓는 화려한 대가 있고, 그 위에 지붕이 있어요.

8관 - 아미타 부처 형상을 생각하는 방법
가운데에 아미타 부처가 있고, 좌우에 관음보살과 대세지보살이 있어요.

13관 - 아미타삼존불을 생각하는 방법
네모난 연못에 피어난 연꽃 위에 아미타삼존불이 있어요. 이 중 가운데에 있는 아미타 부처는 크기가 16척이나 된다고 해요.

14관 - 상배관

15관 - 중배관

16관 - 하배관

14~16관은 평범한 사람이 극락에 갈 수 있는 3가지 방법을 나타낸 것이에요. 세 관 역시 9등급으로 나누어요. 하지만 어떤 등급이든 '아미타불'만 외우면 극락에 갈 수 있다고 해요. 이 세상에서 쌓은 공덕에 따라 극락 세계에서 보살, 승려, 속인으로 태어난다고 하며, 등급에 따라 극락에 있는 연꽃 봉오리가 피는 시간이 다르다고 해요. 등급이 낮을수록 꽃 피는 시간이 오래 걸린다고 해요.

고려의 불화와 조선의 불화

고려시대에 그려진 '지장시왕도'를 자세히 보세요. 그림의 주인공인 지장보살은 가운데 앉아 있고, 나머지 인물들은 모두 지장보살의 무릎 아래에 있어요. 이같이 위아래를 구분하여 위에는 본존불, 아래에는 본존불을 모시는 보살을 배치하는 이단 구도가 고려 불화의 특징이에요. 본존불을 모시는 보살의 키가 본존불의 어깨를 넘지 않고, 그 아래 인물들은 본존불의 무릎 높이를 넘지 않을 정도로 등장하는 인물에 대한 구별이 매우 엄격하답니다.

반면에 조선시대에 그려진 '동화사 아미타극락회상도'에서는 본존불을 중심으로 그 외 인물들을 전 화면에 고루 배치했어요. 조선의 불화는 고려의 불화와는 달리 인물들에 대한 구별이 심하지 않았어요. 고려의 불화는 주로 고려의 귀족들을 위한 그림이었던 데 비해, 조선의 불화는 일반 백성들에게 더욱 가까이 다가서려 했기 때문이에요.

고려의 불화와 조선의 불화는 인물 배치가 달라요.
시대적인 특징이 불화 속에 잘 담겨 있어요.

'동화사 아미타극락회상도'

'지장시왕도'

75

불교에 포용된 전통 신들

제석천은 힌두교의 전쟁의 신이었던 인드라에서 유래했어요. 우리나라의 단군 신화에는 단군의 할아버지로 나오기도 해요. '제석천도'

고려 불화에는 부처와 보살 외에도 많은 신들이 그려져 있어요. 불교는 인도에서 생겨나서 중국을 거쳐 우리나라에 전해졌어요. 불교를 믿기 이전에 인도, 중국, 우리나라에는 민간에서 믿고 있던 신들이 있었어요. 하지만 불교가 들어오자 각 나라의 전통 신들이 자연스럽게 불교 속으로 들어왔어요.

인도 힌두교의 최고 신이었던 브라마는 불교의 범천으로, 전쟁의 신이었던 인드라는 제석천으로 받아들여졌어요. 불교를 수호하는 사천왕과 팔부중들도 원래는 인도의 신이었어요.

중국에서는 밤하늘의 북두칠성을 오랫동안 믿어 왔어요. 중국의 도교에서는 북두칠성이 사람의 수명을 관장한다고 믿었답니다. 또한 죽은 사람의 선행과 악행을 심판하는 열 명의 지옥 왕인 시왕이 있어요. 염라대왕도 시왕 가운데 한 명이에요.

우리나라에서는 자식을 낳게 해 주는 산신이 불교에 그대로 받아들여졌어요. 조선 후기에는 수염을 길게 기른 할아버지 모습을 한 산신이 호랑이와 함께 있는 모습으로 주로 그려졌어요.

오른손에 삼지창, 왼손에 탑을 들고 있는 광목천왕은 동서남북 사방에서 불교를 지키는 사천왕 가운데 하나예요. 사천왕에는 동쪽을 지키는 지국천왕, 서쪽을 지키는 광목천왕, 남쪽을 지키는 증장천왕, 북쪽을 지키는 다문천왕이 있어요. 사진은 부석사 조사당 벽에 그려진 광목천왕 벽화랍니다. 광목천왕, 국보 제46호

칠성은 밤하늘의 북두칠성을 가리켜요. 중국의 도교에서는 사람의 수명을 북두칠성이 관장한다고 믿었는데, 이 칠성이 불교에 그대로 받아들여졌답니다. 우리나라에서는 칠성각이라는 건물에 모셨어요. *조선 칠성탱화*

죽은 사람의 선행과 악행을 심판하는 염라대왕도 시왕 가운데 한 명이에요. 불교에서는 지장보살을 도와 저승을 관장하는 역할을 맡고 있어요. *'염라대왕도'*

산신은 자식을 낳게 해 주는 전통 신이에요. *'산신도'*

삼성각은 산신과 칠성과 나반존자를 함께 모시는 곳이에요. 나반존자는 스스로 도를 깨달은 성자를 일컬어요. 산신과 칠성과 나반존자를 따로 모실 때는 각각 산신각, 칠성각, 독성각에 모셔요. *삼성각*

경전 - 고려의 영혼을 담은 책 고려시대에는 부처님의 말씀을 기록한 불경도 많이 만들었어요. 경전의 내용을 손으로 직접 쓰기도 했지만, 나무에 새겨 간행하기도 했어요. 현재까지 완전하게 보존되어 있는 팔만대장경은 우리나라 목판 인쇄 기술의 우수성을 잘 보여 주고 있어요. 발달된 인쇄 기술을 바탕으로 고려 사람들은 세계 최초로 금속 활자를 이용해 불교 경전을 인쇄하기도 했어요.

손으로 쓴 경전

금으로 비단에 정성껏 옮겨 쓴 사경
감지금니 대방광불화엄경 보현행원품 권34, 보물 제752호

'사경'은 글씨를 한 자 한 자 손으로 정성껏 써서 만든 경전을 말해요. 인쇄 기술이 발명되기 이전에는 당연히 모든 경전을 손으로 직접 쓸 수밖에 없었겠지요. 하지만 불교에서는 부처의 말씀을 정성껏 옮겨 쓰는 것을 깊은 신앙심의 표현으로 생각했기 때문에, 인쇄 기술이 발명된 이후에도 사경은 부처에게 바치는 공덕의 하나로 계속 만들어졌어요. '무구정광대다라니경'과 거의 비슷한 시기에 쓰인 '대방광불화엄경'은 현재 남아 있는 우리나라 사경 가운데 가장 오래된 것이에요.

고려시대에는 사경이 더욱 많이 만들어졌어요. 국가에서는 금색 글자를 쓰는 금자원, 은색 글자를 쓰는 은자원 같은 사경을 전담하는 관청을 설립하기도 했어요. 귀족들도 자신과 가족이 현재 세상에서 부귀와 영화를 누리고, 다음 세상에서도 안녕하기를 바라는 마음에서 사경을 전문으로 하는 승려에게 경전을 쓰게 했지요. 이렇게 만들어진 경전은 탑이나 불상에 보관하기도 하고, 개인이 소장하기도 했어요. 고려의 사경은 두꺼운 색지에 금, 은과 같은 귀금속 재료를 이용해서 글씨와 그림을 넣었고, 표지도 화려하게 장식했어요.

뛰어난 제작 기술 덕분에 고려의 사경은 원나라에서도 찾는 사람이 많을 정도로 인기가 좋았답니다.

종이에 정성껏 옮겨 쓴 사경
신라 백지묵서 대방광불화엄경, 국보 제196호

은으로 비단에 정성껏 옮겨 쓴 사경
상지은니 묘법연화경, 국보 제185호

하얀 종이에 검은색 글씨로 정성껏 옮겨 쓴 사경이에요. 우리나라에서 가장 오래된 사경으로, 통일신라시대부터 신앙심으로 사경을 만들었음을 알려 주는 중요한 자료예요. 사진은 사경 표지에 있는 그림이에요.

신라 백지묵서 대방광불화엄경, 국보 제196호

1334년, 감지(검푸른색 종이)에 금색 글씨로 정성껏 옮겨 쓴 사경이에요. 화엄경은 우리나라 화엄종의 근본 경전으로, 세상과 인생에 대한 불교의 주요 사상이 정리되어 있어요. 사진은 감지금자 대방광불화엄경에 있는 그림이에요. 감지금자 대방광불화엄경 보현행원품 권 34, 보물 제752호

1373년, 상지(검붉은색 종이)에 은색 글씨로 정성껏 옮겨 쓴 사경이에요. 묘법연화경은 줄여서 '법화경'이라고도 하는데, 우리나라 천태종의 근본 경전이에요. 부처가 되는 길이 누구에게나 열려 있음을 기본 사상으로 하고 있어요. 이 사경은 일본으로 유출되었다가 되돌아온 것이라서 더욱 귀중하게 느껴져요. 상지은자 묘법연화경, 국보 제185호

나무에 새긴 경전

나무판에 글자를 새겨 먹물을 발라 찍어 내는 인쇄 기술이 발명되면서 불경을 한꺼번에 많이 만들 수 있었어요. 통일신라시대 때 목판으로 인쇄한 '무구정광대다라니경'은 세계에서 가장 오래된 목판 인쇄물이라고 해요. 고려시대 때 목판으로 인쇄한 불경도 아주 많아요. 그중에서도 '초조대장경'과 '재조대장경(팔만대장경)'이 대표적인 것이에요.

초조대장경은 11세기에 거란이 침입했을 때 새긴 것으로, '처음 새겼다.'는 의미에서 '초조대장경'이라고 불러요. 거란의 침입은 강감찬 장군의 귀주 대첩으로 막아 냈지요. 하지만 당시 고려

세계에서 가장 오래된 목판으로 인쇄된 불경이에요. 불국사 석가탑 안에서 발견되었답니다.
무구정광대다라니경, 국보 제126호

사람들은 초조대장경을 만들어 부처님의 도움을 받았기 때문에 거란을 물리쳤다고 생각했어요. 이때 만든 초조대장경이 1232년(고종 19) 몽고군의 침입으로 불타 버리자, 고려 사람들은 몽고의 침입을 막기 위해서 대장경을 다시 만들어야겠다고 생각했어요. 이때 다시 만든 대장경을 '다시 새겼다.'는 의미에서 '재조대장경'이라고 부른답니다.

해인사에 있는 재조대장경 목판은 수량이 81,258개나 되어서 팔만대장경이라고도 불러요.

해인사 장경판전에 보관된 팔만대장경 목판 가운데 하나예요. 팔만대장경은 한문으로 만든 대장경 가운데 유일하게 팔만여 개의 목판이 온전하게 남아 있고, 내용도 가장 정확해요. 우리나라 인쇄 기술의 우수성을 보여 주는 자랑거리 가운데 하나랍니다. 팔만대장경 목판, 국보 제32호

팔만대장경의 목판을 보관하는 해인사 장경판전이에요. 1488년에 처음 세워진 후 한 번도 화재나 전쟁의 피해를 입지 않았어요. 단순해 보이는 구조이지만, 바람과 습기를 자연스럽게 조절할 수 있도록 만들어져, 팔만대장경의 목판을 지금까지도 온전하게 보존할 수 있었어요. 그 가치를 인정받아 유네스코에서 세계 문화유산으로 지정했답니다. 해인사 장경판전, 국보 제52호

글자 수만 해도 5천 2백만 자가 넘는데, 그 많은 글자가 한 사람이 쓴 것처럼 필체가 거의 똑같으며 오자나 탈자가 거의 없이 정교한 것이 신기할 정도라고 해요.

팔만대장경의 자랑거리는 나무로 만들어진 경판이 750여 년이 지난 지금까지도 완벽하게 보존되어 있다는 점이에요. 팔만대장경 경판은 처음에는 강화도에 보관되어 있다가 조선 태조 때 해인사로 옮겼어요. 팔만대장경 경판은 특별한 환기 시설도 없는 장경판전에 600년 이상 보관되어 있는데, 지금까지 습기가 차거나 좀이 전혀 슬지 않았어요. 통풍과 습기를 자연스럽게 조절하도록 만든 우리 조상들의 뛰어난 지혜가 정말 놀랍죠?

세계 최초로 금속 활자를 탄생시킨 고려 경전

인류 문화가 발달하는 데 가장 중요한 계기가 되었던 것이 문자를 만든 것이에요. 그래서 문자 사용을 기준으로 인류의 역사를 선사시대와 역사시대로 구분해요. 많은 문자 기록을 한꺼번에 찍어 낼 수 있는 인쇄 기술이 발명되면서 인간의 지식은 급속도로 늘어날 수 있었어요. 그래서 금속 활자를 인류 역사상 가장 위대한 발명으로 꼽는 사람들도 많아요.

그런데 금속 활자의 발명이 우리나라에서 처음 이루어진 것을 알고 있나요? 현재 프랑스 국립도서관에 보관되어 있는 『직지심체요절』이 바로 그 증거예요. 유네스코에서는 『직지심체요절』을 세계기록유산으로 지정했어요. 국립중앙박물관에는 고려시대 금속 활자 실물도 남아 있어요. 북한에도 한 점 남아 있고요. 고려의 금속 활자 인쇄술은 조선시대로 이어지면서 더욱 발달했어요.

우리나라에서는 13세기에 발명했던 금속 활자를 서양에서는 15세기가 되어서야 발명할 수 있었어요. 고려의 금속 활자 기술이 서양에 영향을 주었을 수도 있어요. 이후 서양의 인쇄 기술이 전 세계로 전파되었어요. 그래도 우리나라에서 최초로 금속 활자를 사용했다는 것은 역사적으로 정말 자랑스러운 일이에요.

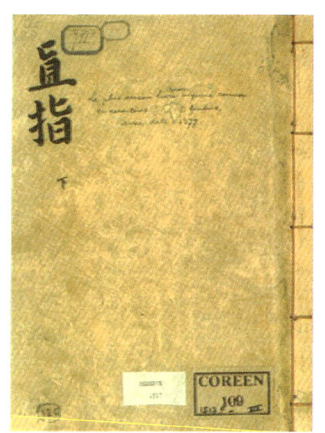

세계에서 가장 오래된, 금속 활자로 인쇄된 불경이에요. 현재 프랑스 국립도서관에 보관되어 있어요. 유네스코에서 세계기록유산으로 지정했답니다. *「직지심체요절」*

고려의 금속 활자는 남한과 북한에 하나씩 남아 있어요. 남한에 있는 것에는 '복(산을 덮는다.)' 자가 새겨져 있고, 북한에 있는 것에는 '전(이마)' 자가 새겨져 있어요. 고려시대의 금속 활자 기술을 증명하는 실물이랍니다. *고려 금속 활자 '전' 자(왼쪽)와 '복' 자(오른쪽)*

금속 활자 만드는 법

1. 종이에 붓으로 쓴 글씨를 밀랍 판 위에 거꾸로 붙여요.

2. 모양대로 글자를 새겨 밀랍 활자를 만들어요.

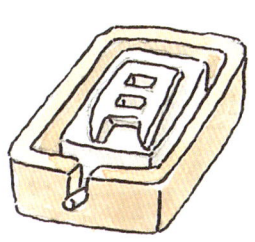

3. 밀랍 활자를 밀랍봉에 끼운 뒤 거푸집에 넣어요.

4. 거푸집 안에 진흙을 붓고 굳혀요.

5. 열을 가해 밀랍을 녹여요.

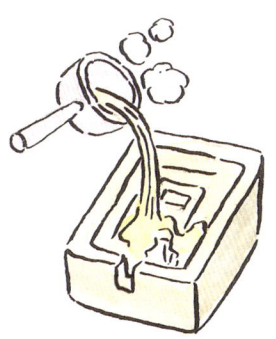

6. 쇳물을 붓고 나서 굳어지면 한 자 한 자 떼어 내어 다듬어 써요.

인쇄 기술 연표

문자 발생

- 기원전 4000년경, 메소포타미아, 설형 문자로 새긴 책 만듦.
- 기원전 3500~3000년경, 이집트, 파피루스에 쓴 책 만듦.
- 기원전 1700년경, 페니키아 민족, 알파벳 문자 개량
- 기원전 1700년경, 중국 은나라, 갑골 문자 사용

목판 인쇄 시작

- 751년, 우리나라, 무구정광대다라니경 인쇄
- 770년, 일본, 백만탑다라니경 인쇄
- 868년, 중국, 금강반야바라밀경 인쇄

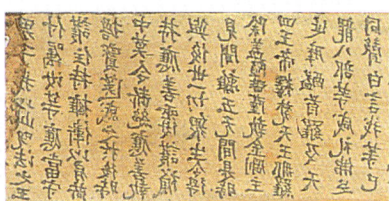

무구정광대다라니경

목판 인쇄 발전

- 971년, 중국, 개원판 대장경 판각(~983)
- 1011년, 우리나라, 초조대장경 판각 거란, 대장경 판각
- 1236년, 우리나라, 재조대장경 판각

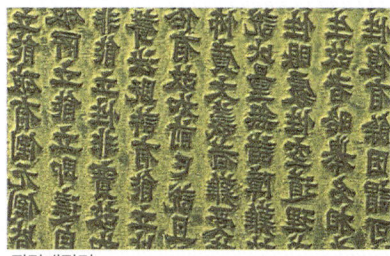

팔만대장경

금속 활자 인쇄 시작

- 1377년, 우리나라, 금속 활자로 『직지심체요절』 인쇄
- 1403년, 우리나라, 금속 활자 계미자 제작
- 1455년, 독일 구텐베르크, 금속 활자로 42행 성서 인쇄

고려 금속 활자판(복원)

근대 인쇄 시작

- 1868년 영국, 타임스사, 활판 윤전기 시작
- 1908년 미국, 톰슨, 자동 활자 주조기 제작

고려에서 조선으로

눈을 감아 보세요. 처음으로 하나의 나라가 되었지만,

수많은 마을과 고을들이 하나로 시작하지는 않았어요.

하지만 길을 함께 걷고, 문화를 함께 나누고, 신앙을 함께 했어요.

눈을 떠 보세요. 고려는 하나의 역사가 되었답니다.

이제는 모두가 단군의 후손으로서,

하나의 민족 문화를 이루고 있는 모습이 보일 거예요.

민족의식이 싹트기 시작했어요

고려를 세운 태조는 나라를 세운 초기부터 '고려'가 '고구려'를 계승했다는 생각을 가지고 있었어요. 옛 고구려의 북방 영토를 되찾아 거대한 제국을 건설하려는 꿈도 가지고 있었고요. 그래서 고구려 유민이 세운 발해를 '친척의 나라'라고 했고, 발해가 망하자 발해 유민을 적극적으로 고려의 백성으로 받아들였어요. 한편으로 발해를 멸망시킨 거란을 '예절이 없는 나라'라고 나쁘게 생각했어요. 그리고 북진 정책을 추진하여 고구려의 옛 땅을 되찾고자 노력했죠.

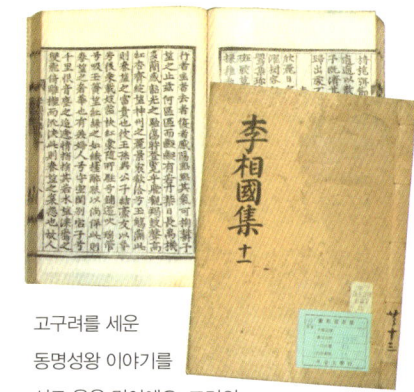

고구려를 세운 동명성왕 이야기를 시로 읊은 것이에요. 고려의 문인 이규보가 지은 『이상국집』에 실린 장편 서사시랍니다. 이규보는 고려가 고구려의 전통을 계승해야 한다고 생각했어요. '동명왕편'

이처럼 고려는 고구려를 계승했다는 점을 강조하면서도, 한편으로는 고구려, 백제, 신라의 백성이 모두 '고려'의 백성이라는 의식을 심어 주기 위해 노력했어요. 태조는 각지의 호족들을 고려의 신하로 만드는 정책을 시행했고, 뒤를 이은 왕들도 각 지방에 관리를 파견하는 등 하나의 나라로서 결속력을 다져 나갔어요.

고려는 태조 이후에도 북진 정책을 추진했지만 당시 고구려의 영토를 차지하고 있던 거란은 강한 나라였어요. 강감찬 장군의 귀주 대첩으로 거란의 침입을 물리치기는 했지만, 고려는 거란과 평화 조약을 맺을 수밖에 없었어요. 거란이 망한 뒤에는 여진의 금나라가 잇달아 들어서서,

오늘날 경기도 개성(개경)에 있는 왕건 무덤이에요. 현릉

918년 태조 왕건, 고려 건국.
926년 거란, 발해를 멸망시킴.
936년 고려, 후삼국 통일.
1019년 강감찬, 귀주 대첩.
1033년 천리장성 쌓음.
1107년 윤관, 여진 정벌.
1145년 김부식, 『삼국사기』 지음.

몽고군의 침략으로 불타 버린 황룡사와 9층탑을 복원한 거예요(오른쪽). 지금은 터만 남아 있어요(왼쪽). 황룡사 터만 봐도 황룡사의 웅장함을 짐작할 수 있겠죠?
황룡사 터(왼쪽), 황룡사 복원도(오른쪽)

고려의 북진 정책은 중단될 수밖에 없었어요.

고려 내부에서는 삼국 가운데 고구려를 중요하게 여기는 사람들과 신라를 중요하게 여기는 사람들이 한동안 대립했어요. 김부식은 삼국의 역사를 정리하면서 신라를 중심으로 『삼국사기』를 편찬했어요. 반면, 이규보는 고구려의 전통을 강조한 '동명왕편'을 지었어요.

하지만 사람들에게 고구려, 백제, 신라는 이미 옛날에 있었던 나라에 지나지 않았어요. 13세기에 고구려, 백제, 신라의 부흥을 꾀하려는 움직임이 있었지만, 사람들은 자신을 이미 '고려'의 백성으로 생각하고 있었으니까요. 세계를 지배했던 몽고와 치른 전쟁으로 하나의 민족이라는 의식이 더욱 강해졌답니다.

- 1193년 이규보, '동명왕편' 지음.
- 1202년 신라 부흥 운동 시작.
- 1217년 고구려 부흥 운동 시작.
- 1231년 몽고의 침입 시작.
- 1232년 강화도로 서울을 옮김.
- 1237년 백제 부흥 운동 시작.
- 1238년 몽고의 침입으로, 황룡사 9층탑 불탐.

몽고 제국의 지배를 받았어요

13세기, 칭기즈 칸은 아시아에서 유럽에 걸치는 세계 최대의 제국을 세웠어요. 몽고의 위협은 고려에도 닥쳐왔어요. 고려와 몽고의 전쟁이 시작된 거예요. 고려는 강화도로 서울을 옮기고 30년 넘게 몽고와 전쟁을 벌였어요. 결국 고려는 몽고에 항복했지만, 몽고 역시 고려의 힘을 무시할 수 없었어요. 아시아에서 유럽에 이르기까지 몽고의 침입을 받고도 고려와 같이 나라를 유지한 것은 매우 드문 일이었어요.

하지만 고려는 80년간 몽고가 세운 원나라의 지배를 받아야 했어요. 고려의 임금은 어려서부터 원나라에서 자랐고 원나라의 공주와 결혼해야 했어요. 그리고 원나라 공주와의 사이에서 태어난 왕자만이 고려의 임금이 될 수 있었어요. 임금이 죽은 후에는 예전처럼 '태조', '성종', '고종' 같은 이름을 붙이지 못하고, '충렬왕', '충선왕' 같은 이름을 붙여야 했어요. '종'은 중국 황제에게 붙이는 이름이었는데 '왕'은 황제보다 격이 낮은 제후에게 붙이던 이름이었어요. 원나라는 고려가 원나라에 속한 신하의 나라라는 뜻으로 이름 앞에 '충' 자를

공민왕(오른쪽)은 원나라에서 온 노국공주(왼쪽)를 무척 사랑했다고 해요.
공민왕 영정

원나라 건축 양식의 영향을 많이 받은 탑이에요. 경천사지 10층 석탑, 국보 제86호

1270년 개경으로 돌아옴.
삼별초 대몽 항쟁 시작(~1273년).

1274년 고려, 몽고 연합군 제1차 일본 정벌.

1281년 고려, 몽고 연합군 제2차 일본 정벌.

1285년 일연, 『삼국유사』 지음.

1287년 이승휴, 『제왕운기』 지음.

붙이도록 했어요. '충' 자를 넣은 것은 이순신 장군을 '충무공'이라고 부르는 것과 같은 의미랍니다.

몽고라는 이민족의 지배를 받으면서 우리나라 사람들은 하나의 운명 공동체라는 생각을 갖게 되었어요. 고구려, 백제, 신라는 모두 우리 조상이 세운 나라이고, 모두가 같은 나라의 백성이라는 생각을 하게 된 거죠. 그리고 더 나아가 모두 단군이라는 하나의 조상을 가진 하나의 민족이라는 생각을 갖게 되었답니다.

몽고의 침략을 받자 고려 왕실은 서울을 강화도로 옮겼어요. 강화도 산성에는 임시로 마련한 고려 왕궁의 터가 아직도 그대로 남아 있어요.
강화도 고려 왕궁 터

『삼국유사』와 『제왕운기』

단군 신화가 기록된 역사책으로는 『삼국유사』와 『제왕운기』가 있어요. 『삼국유사』는 단군왕검이 고조선을 세웠다는 단군 신화가 처음으로 기록된 책이에요. 하지만 『삼국유사』에는 아직까지 단군 조선과 삼국 사이의 경계가 명확하지 않았어요. 이승휴가 쓴 『제왕운기』에는 고구려, 백제, 신라 모두 단군 조선의 후예임을 분명하게 기록되어 있답니다.

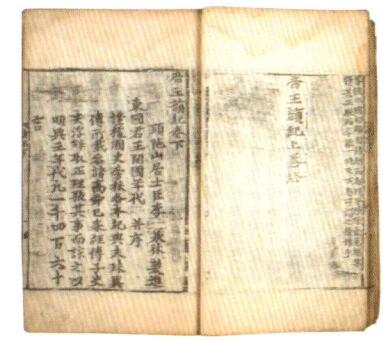
『제왕운기』 보물 제895호

1289년, 안향, 원나라에서 성리학을 들여옴.

1294년 탐라에서 원나라 철수. 이듬해 탐라를 제주로 고침.

1352년 변발 금지.

1356년 원나라 연호 사용 중지. 쌍성총관부 회복.

조선이 건국되고 민족의식이 두루 퍼졌어요

고려 말기, 우리나라에는 성리학이라는 사상이 새롭게 들어왔어요. 성리학자들은 유교를 나라를 다스리는 기본 정신으로 삼아야 한다고 생각했어요. 그리고 고려의 낡은 관습과 제도를 고치기 위해서는 불교를 멀리해야 한다고 생각했어요. 결국 성리학자들은 고려라는 나라를 무너뜨리고, 성리학 사상을 중심으로 새로운 나라를 세웠어요. 그것이 바로 조선이에요.

성리학자들은 우선 우리의 민족 정신을 되살리고, 유교의 가르침대로 항상 백성을 중심에 두고 나라를 다스려야 한다고 생각했어요. 우리 민족이 단군의 후손이라는 인식을 바탕으로, 나라 이름을 '조선'이라고 했어요. 여기에는 단군이 세운 '조선'을 계승한다는 의미가 담겨 있어요. 그리고 이전에 단군이 세운 '조선'은 '옛날 조선(고조선)'이라고 구분해서 불렀답니다.

나라를 튼튼히 하기 위한 각종 제도를 마련하면서 독자적인 문화를 세우는 노력도 펼쳤어요. '훈민정음(한글)' 창제로 자연스럽게 표현할 수 있는 우리글을 가지게 되었고, 우리 역사와 지리에 대한 관심이 높아지면서 만주가 포함된 전국 지도를 만들었어요. 또 우리나라 풍토에 맞는 농사법과 달력, 의서 등도 만들었어요. 이렇게 조선시대에는 민족 문화가 다채롭게 꽃피어 나갔답니다.

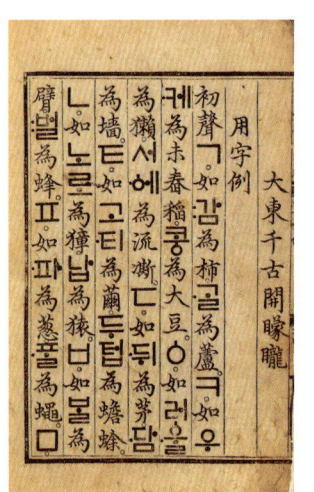
『훈민정음』 국보 제70호

- 1359년 홍건적의 1차 침입.
- 1361년 홍건적의 2차 침입.
- 1363년 문익점, 원나라에서 목화씨 가져옴.
- 1366년 신돈, 전민변정도감 설치.
- 1370년 명나라 연호 사용.
- 1374년 공민왕 피살, 우왕 즉위(~1389).
- 1388년 이성계, 위화도 회군. 우왕을 폐하고 창왕을 세움.

단군에게 제사를 드렸던 참성단이에요.
강화도 마니산 참성단, 사적 제36호

1402년에 만든 동양에서 가장 오래된 세계 지도예요. 중앙에 중국이 있고, 오른쪽에 우리나라, 왼쪽에 아프리카 대륙이 있어요. 우리나라와 아프리카 대륙의 크기가 서로 비슷하고, 중국에 비해 우리나라를 크게 그렸어요.
혼일강리역대국도지도(필사본)

위화도에서 회군하여 개경을 점령하고 조선을 세운 이성계는 한양을 서울로 정하고 성리학을 국교로 내세워 충과 효를 중시하는 정책을 펴 나갔어요.
조선 태조 왕 이성계 상, 보물 제931호

- 1389년 박위, 대마도 정벌. 창왕 폐위되고 공양왕 즉위.
- 1392년 이성계 즉위. 이듬해 국호를 조선으로 결정.
- 1394년 서울을 한양으로 옮김.
- 1419년 이종무, 대마도 정벌.
- 1429년 정초, 『농사직설』 지음.
- 1443년 훈민정음 창제.

찾아보기

ㄱ

강진 42
개경 20, 21, 26, 29, 32
경전 78
경천사지 10층 석탑 88
경화 68
고구려 12, 13, 14, 16
고려도경 17, 26
고려사 17
고려사절요 17
고조선 10
공민왕 88
공포 61
관경16관변상도 72~75
관무량수경 72
관세음보살 67
관촉사 미륵보살 23, 24
광주 철조여래좌상 23, 65
금귀걸이 11
금당 57
금동대세지보살좌상 66
금령총 금관 13
금속 활자 82, 83
구멍 무늬 토기 11
기와 21, 33

ㄴ

나무 빗 30
나발 65
나전 칠기 41, 52
남북국시대 14
내림마루 58, 59
네 귀 달린 나팔형 항아리 13
녹청자 40

ㄷ

다보탑 15
다포 양식 61
당간지주 56
대방광불화엄경 78, 79
대웅전 57, 61
대적광전 57
대조사 미륵보살 23
도기 38
도자기 30, 38
돌하르방 29
동명왕편 87
동예 10, 11
동전 꾸러미 30

ㅁ

마애여래좌상 67
마한 10, 11
마한 토기 11
막청자 40
맞배지붕 58
목어 57
목화 49, 90

무구정광대다라니경 80, 83
무천 11
문수보살 67
미륵대원사 석불 23
미륵하생경변상도 70
미송리 토기 10
민흘림기둥 60

ㅂ

바이데히 왕비 72
발해 14, 16
배 모양 토기 24
배흘림기둥 60
백자 39, 49
백제 12, 16
백제금동대향로 12
백호 65
범종 62, 63
범종루 57
범천 76
법당 57
벽란도 26
벽란정 26
벽화 68
변한 10, 11
변한 토기 11
보살 66, 67
보현보살 67
복채법 68

복 활자 82
부석사 56, 57
부여 10
부조 예군 11
분청 상감 연꽃 당초 무늬 병 38
뼈단지 15
비단길 28
비로자나 부처 64
비색 청자 41, 42
빔비사라 대왕 72

ㅅ

사경 78
사자 상 14, 33
사찰 56
사천왕 76
산신 76
산신도 77
삼국유사 89
삼도 65
삼성각 77
상감청자 41
상지은자 묘법연화경 79
석가모니 부처 65
석굴암 본존불 15
석등 14, 34
석불 22, 23, 32
선정인 65
선죽교 35

설법인 65
성균관 35
성리학 49, 90
세지보살 66
소(所) 25
수월관음도 69
순청자 41
숭례문 59
시무외인 65
신라 12, 13
신안선 30, 31
신화 10, 12
쌍화 29

ⓞ
아미타극락회상도 71
아미타 부처 70, 72
아미타 신앙 72
아시아 지도 16
아자타샤트루 태자 72
안양루 57
약사 부처 64
여원인 65
역도 20
역사책 17
역참망 20
연복사 종 34
옥저 10, 11
요령식 동검 10

용뉴 63
용마루 59
완도선 24, 25
왕건 동상 16
우진각지붕 59
원 21
유약 39, 42
육계 65
은병 26
은입사 52
은제 도금 타출 무늬 표주박 모양 병 52
은제 도금 타출 화조 무늬 팔찌 53
의상 대사 57
이성계 91

ⓩ
자배기 14
장경판전 81
장구 24
재조대장경 80, 81
제석천 76
제왕운기 89
조사당 57, 58
주심포 양식 61
지권인 65
지장보살 66, 70
지장보살도 68, 69
지장시왕도 71
직지심체요절 82

진한 10, 11
진한 토기 11

ⓧ
참성단 91
천산대렵도 28
천왕문 56
첨성대 34
청동 거울 53
청동 말 33
청동 은입사 버드나무 · 물짐승 무늬 정병 52
청자 24, 25, 27, 38~51
초조대장경 80
추녀마루 59
칠성 77
칭기즈 칸 28, 88

ⓔ
탐라 29
태평노인 31
탱화 68
토우 장식 항아리 13

ⓟ
팔각정 59
팔관회 27
팔만대장경 80, 81
팔작지붕 58, 59

ⓗ
합장인 65
항마촉지인 65
해동지도 32
해뚫음 무늬 금동 장식 13
해인사 59
혜음원 기와 21
혜음원 터 21
호자 12
혼일강리역대국도지도 90, 91
황금 허리띠 장식 11
황도 32
황룡사 9층탑 86
황룡사 터 87
후추 30
훈민정음 90

이 책을 만드는 데 도움을 받은 책

강대규·김영원, 『도자공예』, 솔, 2004.
강우방·곽동석·민병찬, 『불교조각 1·2』, 솔, 2004.
강응천 외, 『한국생활사박물관 6-발해편』, 사계절, 2002.
국립제주박물관 편, 『항해와 표류의 역사』, 솔, 2003.
김명, 『한국사이야기주머니』, 녹두, 1995.
김보현·배병선·박도화, 『부석사』, 대원사, 2001.
김봉렬, 『불교건축』, 솔, 2004.
김영미, 『신안선과 도자기 길』, 국립중앙박물관, 2005.
김영재, 『고려불화 실크로드를 품다』, 운주사, 2004.
김은하, 『한눈에 보는 우리 민속 오천년』, 웅진주니어, 1999.
김인덕·서성호·오상학·오영선, 『과학문화』, 솔, 2004.
김인호, 『우리가 정말 몰랐던 고려 이야기』, 자작, 2001.
김창현·김철웅·이정란, 『고려 500년, 의문과 진실』, 김영사, 2001.
관조 스님, 『불단장엄』, 미술문화, 2000.
관조 스님, 『꽃문』, 미술문화, 1996.
문명대, 『고려불화』, 열화당, 1991.
미스기 다카도시, 『동서도자교류사』, 눌와, 2001.
민족문화대백과사전 편찬부, 『민족문화대백과사전』, 한국정신문화연구원, 1991.
박기현, 『손에 잡히는 고려 이야기』, 늘푸른 소나무, 2000.
박도화, 『보살상』, 대원사, 1990.
박상국, 『사경』, 대원사, 1990.
박용운·이정신 외, 『고려시대 사람들 이야기 1~3』, 신서원, 2000.
박종기, 『500년 고려사』, 푸른역사, 1999.
방병선 외, 『Korean Art Book 토기·청자 Ⅱ』, 솔, 2000.
방병선 외, 『Korean Art Book 토기·청자 Ⅰ』, 솔, 2000.
서정철, 『서양 고지도와 한국』, 대원사, 1991.
서현정, 『한국사 탐험대 6-음식』, 웅진주니어, 2006.
송호정, 『한국사 탐험대 1-국가』, 웅진주니어, 2005.
안춘근, 『옛 책』, 대원사, 1994.
역사신문편찬위원회, 『역사신문 2』, 사계절, 1996.
오상학, 『옛 삶터의 모습 고지도』, 국립중앙박물관, 2005.
오영선, 『귀족의 나라, 고려』, 웅진씽크빅, 2006.
오영선 외, 『한국생활사박물관 7-고려편 1』, 사계절, 2002.
유마리·김승희, 『불교회화』, 솔, 2004.
윤용이, 『우리 옛 도자기』, 대원사, 1999.
윤용이, 『아름다운 우리 도자기』, 학고재, 2003.
장경희 외, 『한국미술문화의 이해』, 예경, 2000.
정병삼, 『그림으로 보는 불교 이야기』, 풀빛, 2001.
정병삼, 『오늘 나는 사찰에 간다』 풀빛, 2003.
지호진, 『유물과 유적으로 보는 한국사 이야기 2』, 씽크하우스, 2005.
진홍섭, 『석불』, 대원사, 1989.
천혜봉, 『고인쇄』, 대원사, 1998.
최순우, 『무량수전 배흘림기둥에 기대서서』, 학고재, 1994.
최용범, 『하룻밤에 읽는 고려사』, 랜덤하우스중앙, 2003.
최응천·김연수, 『금속공예』, 솔, 2004.
최준식, 『한국사 탐험대 2-나라』, 웅진주니어, 2005.
코리아비주얼스 편, 『그림과 명칭으로 보는 한국의 문화유산 2』, 시공테크&코리아비주얼스, 2002.
한국미술사학회, 『고려미술의 대외 교섭』, 예경, 2004.
한국역사연구회, 『고려시대 사람들은 어떻게 살았을까 1·2』, 청년사, 2003.
한국역사연구회, 『고려의 황도 개경』, 창작과비평사, 2002.
한국역사연구회, 『역사문화 수첩』, 역민사, 2000.
한영우, 『다시 찾는 우리 역사』, 경세원, 1997.
홍영의, 『한국사 탐험대 3-교통통신』, 웅진주니어, 2006.
홍영의 외, 『한국생활사박물관 8-고려편 2』, 사계절, 2002.
홍윤식, 『불화』, 대원사, 1989.
KBS, 『역사스페셜 1~7』, 효형출판, 2000.
Georges Jean, 『문자의 역사』, 시공사, 1995.
『고려말 조선초의 미술』, 국립전주박물관, 1996.
『고미술 소장품』, 호암미술관, 2004.
『그릇에 담긴 우리 역사』, 성균관대학교박물관, 2003.
『European의 상상, COREA 꼬레아』, 서울역사박물관, 2004.
『대고려국보전』, 호암갤러리, 1995.
『북녘의 문화유산』, 국립중앙박물관, 2006.
『빛나는 옛 책들』, 국립중앙박물관, 2003.
『전북의 고려청자 다시 찾은 비취색 꿈』, 국립전주박물관, 2006.
『제주의 역사와 문화』, 국립제주박물관, 2001.

이 책을 만드는 데 사진 도움을 주신 분

8-9쪽 내소사 대웅전 어칸 꽃문 안팎-관조 스님 / 10-11쪽 비파형 동검, 미송리 토기, 구멍 무늬 토기-『조선유적유물도감』, 진한 토기·부조 예군 도장-국립중앙박물관, 변한 토기-부산대학교박물관, 마한 토기-국립광주박물관, 황금 허리띠 장식·금귀걸이-송호정 / 12-13쪽 백제금동대향로·호자·금령총 금관-국립중앙박물관, 토우 장식 항아리-국립경주박물관, 네 귀 달린 나팔형 항아리-『북한의 문화재와 문화 유적』, 해뚫음 무늬

금동 장식-『조선유적유물도감』 / 14-15쪽 상경궁 터 사자 상-일본 도쿄대학교박물관, 상경궁 터 석등, 구름 모양 자배기 -『조선유적유물도감』, 다보탑-포인스, 석굴암 본존불-타임스페이스, 뼈단지-국립중앙박물관 / 16-17쪽 청자 음각 연꽃·풀 무늬 매병-국립중앙박물관, 아시아 지도-서울역사박물관, 고려사-국립전주박물관, 왕건 동상-하일식 / 18-19쪽 한소영 / 21쪽 혜음원 터·혜음원 기와-홍영의 / 22-23쪽 파주 용미리 석불·미륵대원사 석불-포인스, 관촉사 석불·대조사 석불-시몽포토에이전시, 광주 철조여래좌상-국립중앙박물관 / 24-25쪽 청자 장구·복원된 완도선의 모습·완도선의 청자들-국립해양유물전시관 / 배 모양 토기-호암박물관 / 26쪽 은병-한국은행 화폐금융박물관 / 28-29쪽 천산대렵도-국립중앙박물관, 쌍화-궁중음식연구원, 돌하르방-국립제주박물관 / 30-31쪽 동전 꾸러미·나무 빗·뼈로 만든 주사위·후추·청자 사자 모양 연적·청자 구름·학 무늬 대접·청자 연꽃무늬 매병·청자 상감 베개·청자 연꽃무늬 그릇받침-해양유물전시관, 청자 상감 국화 무늬 뚜껑·청자 상감 국화 무늬 그릇받침-국립중앙박물관 / 32-35쪽 선죽교·북창문 터·신봉문 터·만월대·첨성대·연복사 종·기와·기둥 밑 장식·청동 말·신성리 석불·돌사자 상·잡상-『조선유적유물도감』, 성균관-하일식, 해동지도-서울대학교 규장각 / 36-37쪽 청자 상감 구름·학 무늬 매병-간송미술관 / 38-39쪽 토기 동물 무늬 굽 달린 긴 목 항아리·청자 양각 연꽃잎 무늬 사발·분청 상감 연꽃 당초 무늬 병·백자 큰 항아리-국립중앙박물관 / 40-41쪽 청자 병(왼쪽)-국립해양유물전시관, 청자 병(오른쪽)-국립중앙박물관, 청자 상감 구름·학 무늬 매병-간송미술관 / 42-43쪽 강진 출토 청자 조각-예경출판사, 청자 흙-손승현, 청자 투각 칠보 무늬 향로-국립중앙박물관 / 44-45쪽 청자 상감 모란 무늬 화분-이화여자대학교박물관, 청자 기와·청자 상감 모란·구름·학 무늬 도관·청자 꽃 모양 접시·청자 상감 구름·학 무늬 대접·청자 상감 풀꽃 무늬 표주박 모양 주전자와 받침-국립중앙박물관, 청자 투각 의자-국립전주박물관, 청자 음각 연꽃 가지 무늬 매병-덕원미술관 / 46-47쪽 청자 양각 도철 무늬 향로·청자 벼루-호암미술관, 청자 베개·청자 투각 용 머리 장식 붓꽂이·청자 상감 당초 무늬 잔·청자 상감 투각 거북 등 무늬 상자·청자 참외 모양 꽃병-국립중앙박물관, 청자 촛대-해강도자미술관 / 48-51쪽 청자 원숭이 모양 연적·청자 오리 모양 연적·청자 기린 모양 뚜껑 있는 향로-간송미술관, 청자 쌍사자 모양 베개·청자 음각 연꽃무늬 매병-호암미술관, 백자 병·청자 어룡 모양 주전자·청자 용 머리 거북 등 모양 주전자·청자 사람 모양 주전자·청자 석류 모양 주전자·청자 죽순 모양 주전자·청자 상감 모란 무늬 표주박 모양 주전자-국립중앙박물관, 청자 양각 대나무 마디 무늬 병·청자 양각 연꽃잎 무늬 표주박 모양 주전자·청자 복숭아 모양 연적-호암미술관, 청자 승려 모양 연적-개인 소장, 청자 여자 아이 모양 연적-일본 오사카시립동양도자기미술관 / 52-53쪽 청동 쌍룡 무늬 거울·은제 도금 타출 꽃무늬 표주박 모양 병·청동 양각 용·나무·집 무늬 거울·청동 은입사 버드나무·물짐승 무늬 정병-국립중앙박물관, 청동 쌍봉황 무늬 거울-국립대구박물관, 은제 도금 타출 화조 무늬 팔찌·청동 고려 국조 거울-국립춘천박물관, 나전 경전 상자·나전 국화 당초 무늬 원형 합-일본 도쿄국립박물관 / 54-55쪽 은해사 연못에서 노는 동자-관조 스님 / 56-57쪽 부석사 천왕문-시몽포토에이전시, 부석사 범종루·무량수전·조사당·안양루·당간지주-포인스 / 58-59쪽 숭례문-타임스페이스, 부석사 조사당·무량수전·팔각정-포인스 / 60-61쪽 부석사 배흘림기둥·쌍계사 민흘림기둥·쌍계사 다포 양식·부석사 주심포 양식-시몽포토에이전시 / 62-63쪽 천흥사 종-국립중앙박물관, 상원사 종·용주사 종·갑사 동종-시몽포토에이전시 / 64-65쪽 장곡사 금동약사여래좌상·불국사 금동비로자나불좌상-포인스, 봉림사 목조아미타불좌상-연합뉴스, 광주 철조여래좌상-국립중앙박물관 / 66-67쪽 선운사 금동지장보살좌상-타임스페이스, 한송사 석조보살좌상·금동관음보살좌상-국립중앙박물관, 금동대세지보살좌상-호림박물관, 개운사 목조아미타불좌상-포인스, 법주사마애여래좌상-연합뉴스, 적조사 철조여래좌상-『조선유적유물도감』 / 68-69쪽 지장보살도(왼쪽)-호암미술관, 지장보살도(오른쪽)-일본 네즈미술관, 수월관음도-일본 대덕사 / 70-71쪽 미륵하생경변상도-일본 친왕원, 동화사 아미타극락회상도-국립중앙박물관, 지장시왕도-베를린동양미술관 / 72-75쪽 관경16관변상도-일본 서복사 / 76-77쪽 제석천도-일본 성택원, 광목천왕-포인스, 염라대왕-호림박물관, 조선 칠성 탱화-월정사성보박물관, 삼성각-김영철, 산신도-윤열수 / 78-79쪽 상지은자 묘법연화경-국립중앙박물관, 신라 백지묵서 대방광불화엄경-호암박물관, 감지금자 대방광불화엄경 보현행원품 권 34-호림박물관 / 80-81쪽 팔만대장경-지중근, 장경판전-포인스, 무구정광대다라니경-국립중앙박물관 / 82-83쪽 고려 금속 활자-국립청주박물관, 복 활자-국립중앙박물관, 팔만대장경-지중근, 무구정광대다라니경-국립중앙박물관 / 84-85쪽 한소영 / 86-87쪽 황룡사 터-포인스, 황룡사 9층탑 모형도-국립중앙박물관, 현릉-하일식 / 88-89쪽 공민왕 영정-국립고궁박물관, 경천사지 10층 석탑-국립중앙박물관, 강화도 고려 왕궁 터-포인스, 제왕운기-동국대학교박물관 / 90-91쪽 조선 태조 왕 이성계 상-전주시청, 훈민정음-간송미술관, 혼일강리역대국도지도 필사본-서울대학교 규장각, 참성단-시몽포토에이전시

웅진주니어는 이 책에 실린 모든 자료의 출처를 찾기 위해 최선을 다했습니다. 누락되었거나 착오가 있으면 다음 쇄를 찍을 때 꼭 수정하겠습니다. 작업에 협조해 주신 분들께 감사드립니다.

웅진주니어

어린이 박물관 고려

초판 1쇄 발행 2006년 10월 1일
초판 19쇄 발행 2022년 11월 18일

기획 강응천 | 글쓴이 오영선 | 그린이 이샛별
디자인 달뜸창작실

발행인 이재진 | 도서개발실장 안경숙 | 편집인 이화정 | 책임편집 손자영
편집 서영옥 | 마케팅 정지운, 김미정, 신희용, 박현아, 박소현 | 제작 신홍섭

펴낸곳 (주)웅진씽크빅
주소 경기도 파주시 회동길 20 (우)10881
문의전화 031)956-7403(편집), 02)3670-1191, 031)956-7065, 7069(마케팅)
홈페이지 www.wjjunior.co.kr | 블로그 wj_junior.blog.me
페이스북 facebook.com/wjbook | 트위터 @wjbooks | 인스타그램 @woongjin_junior
출판신고 1980년 3월 29일 제406-2007-00046호 | 제조국 대한민국

글 ⓒ 오영선, 2006 (저작권자와 맺은 특약에 따라 검인을 생략합니다.)
ISBN 978-89-01-06049-1

웅진주니어는 (주)웅진씽크빅의 유아·아동·청소년 도서 브랜드입니다.
이 책은 저작권법에 따라 보호받는 저작물이므로 무단전재와 무단복제를 금지하며, 이 책 내용의 전부 또는 일부를 이용하려면
반드시 저작권자와 (주)웅진씽크빅의 서면 동의를 받아야 합니다.
이 도서의 국립중앙도서관 출판예정도서목록(CIP)은 서지정보유통지원시스템(http://seoji.nl.go.kr)과
국가자료종합목록시스템(http://www.nl.go.kr/kolisnet)에서 이용하실 수 있습니다. (CIP: 2006002101)

※ 일러두기
-본문에 나오는 돼지 캐릭터는 독자의 이해와 흥미를 위해 사용한 것입니다.
-띄어쓰기와 맞춤법은 국립국어원의 표기법을 기준으로 삼았습니다.

잘못 만들어진 책은 바꾸어 드립니다.
주의 1. 책 모서리가 날카로워 다칠 수 있으니 사람을 향해 던지거나 떨어뜨리지 마십시오.
     2. 보관 시 직사광선이나 습기 찬 곳은 피해 주십시오.
웅진주니어는 환경을 위해 콩기름 잉크를 사용합니다.